ディビッド・セイン

カイシャ英語

取引先を「Mr.」と呼んだら商談が破談？

講談社+α新書

はじめに——日本人が自分をアピールするのは簡単

とかく評判が悪いのが日本人の英語。たしかに学校で習った英語そのままでは、ビジネス・シーンでは通用しません。

でも、「ゼロからやり直すしかない」なんて、深刻に考えないでください。中学校程度の英語力であっても、ほんのちょっとニュアンスに気をつけて伝えれば、ビジネスの現場で十分に通用するのです。

日本は文化的な背景がしっかりしています。そのため、自分自身をアピールするのは容易です。また、学校でたくさんの単語を習っています。こうした基礎がしっかりしているから、少し工夫するだけで、ネイティブと良好なコミュニケーションがはかれ、ビジネスにも活用できるのです。

たとえば、「現地化」のモデルと呼ばれる、トヨタ自動車のケンタッキー工場を例にとって考えてみましょう。

日本からケンタッキーに渡ったトヨタの社員たちは、特別な英語教育を受けていたわけではないと言われています。それでも半年もたつと、現地の従業員とのコミュニケーションも強固になりました。背景に、日本の文化と英語の基礎学力があったからです。

大切なのは“使える英語”にするための“ヒント”です。そのヒントを、私からみなさんにご提供いたしたいと思います。

この本を書くにあたって、私は以下の３つの点に注意を払いました。

1　相手が話す英語を、正確に理解できるようになる

少し英語が話せる人は大勢います。しかし一方で、相手の言っていることを正確に理解できないために、しっかりとしたコミュニケーションがとれない人もたくさんいます。

ビジネスの世界では、相手の意図を正確につかむことが大切です。ネイティブのように話せるのが理想的ですが、それ以前に、ネイティブのように相手の発言を理解できることは、不可欠となります。

2　自分自身が口に出して言ったり、文書に使える表現を増やせる

みなさんの母国語である日本語でも、「知っていて理解できるけれどあまり使わない日本語」と「実生活で、ごく普通に使う日本語」とは別のはずです。

この本には、ビジネスの現場で実用性の高い表現を紹介しています。しかし「理解できるようになりたい表現」と「自分で実際に使いたい表現」は、人それぞれに違いがあります。ですからそこは自分で区別し、あなたが使いたいと思った表現は、何度も読み返してください。

3　英語の学習が楽しくなる

英語で問題なくコミュニケーションがとれるようになるには、長い道のりを進まなければなりません。この道のりをいやいや歩み続けるのは苦痛です。

しかし、英語を楽しむつもりで歩み始め、道すがらたくさんの楽しさを発見できれば、苦痛もさほどではないでしょう。新しい表現を学び、英語に対する見方が変われば、英語の勉強も楽しめ、長い道のりもたいしてつらいものにはならないはずです。

さあ、本書を開き、ビジネスの現場で活用できる「カイシャ英語」をどんどんマスターしてください。たとえ相手がネイティブであっても、本書を読めば、ちゃんとコミュニケーションできます。

え？　本当かって？　だいじょうぶ。だって日本でビジネスをする、アメリカ人の私が言っているのですから(笑)。

2007年2月

ディビッド・セイン

David Thayne

カイシャ英語 CONTENTS

CHAPTER 1
日本の常識はカイシャ英語の非常識

CHAPTER 2
カイシャ英語でコミュニケーションの達人

CHAPTER 3
仕事の評価が急上昇するカイシャ英語

CHAPTER 4
カイシャ英語で交渉の達人

CHAPTER 5
カイシャ英語でリーダシップ

CHAPTER 1

日本の常識はカイシャ英語の非常識

学校で学んだ英語や、これまで当たり前と思って使ってきた英語を、そのままビジネスの世界に持ち込むのは大間違い！ CHAPTER 1では、絶対に知っておきたいカイシャ英語の常識を紹介しよう。

01 Mr.は敬称にならない!?

× **It's good to see you again, Mr. Anderson.**
（また会えてよかったです。アンダーソン氏。）

○ **It's good to see you again, Bill.**
（ビルさん、また会えてよかったです。）

私が長年取引のある日米の企業同士の会議で通訳していたときのこと。昼食時に、アメリカ側の出席者が私に聞いてきた。

「日本の担当者は、僕のことを気に入らないみたいなんだが」

私はそんな印象はまったく受けなかったので、なぜそう思うのかと尋ねると、彼はこう答えた。

「長年のつきあいだというのに、いまだに『ミスター』をつけるじゃないか」

私は彼に、それは日本語の敬称である「～さん」のつもりなのだと説明せねばならなかった。日本人は“**Mr.**”をつければ「～さん」になると思っているかもしれないが、アメリカ人は相手に好印象を抱くと、ファーストネームで呼ぶのが普通だ。最近では、ますますそれが一般的になっている。

だから、ビジネスシーンにおいても、誰かから敬称をつけたほうがいいと言われたとき以外は、“**Mr.**” をつけるのは避けるべきだ。

手紙では、自分の名前に “**Mr.**” や “**Ms.**”、“**Mrs.**” をつけるのはかまわない。とくに日本人名に慣れていない相手に送る場合は、次のように名前の後ろにつけると性別を判別する助けになる。

Hiroshi Tanaka (Mr.)　　**Junko Saito (Ms.)**

照会、クレーム、初めての取引など、相手の名前がわからない場合、以前は “**Dear Sirs:**” と書いていたが、現代では次のように書く。

Dear Madams/Sirs:
または、
To whom it may concern:

ちなみにアメリカでは、フォーマルなビジネスレターでは名前の後ろに **:**（コロン）をつけ、個人的あるいは友人同士の手紙では **,**（カンマ）をつける。

02 「英語が不得意ですが」はよけいなこと！

△ **My English isn't very good, but I'll try to talk about quality today.**
（私は英語がそれほどうまくはないのですが、本日は品質の話をしてみたいと思います）

○ **I'm going to talk about quality today.**
（本日は品質の話をさせていただきます）

「英語がうまくない」などと最初から言ってしまうと、"**tune you out**"、つまり、誰もあなたの話を聞いてくれなくなる恐れがある。そんな人が耳を傾けたくなるような話をするとは思えないからだ。

同様に、打ち合わせやプレゼンをするように言われたときに、「なんとかやってみます」とは絶対に言ってはならない。命じられた以上は、完璧に準備を整え、中身のあるプレゼンをすることが要求されているのだ。

だから、あれこれ言い訳せずにテーマを提示し、話を始めること。積極的かつ具体的に話を進め、同時に、楽しく話をする、それが大切だ。そもそも、あなたの英語がひどいのならば、仕事を命じられるわけがないのだから。

I hope you can understand my poor English as I try to talk about quality.
（私のつたない英語をご理解いただけることを望みつつ、品質についての話をなんとかしてみようと思います）

I'm here to talk about quality today, but my English is not very good.
（本日は品質についての話をしにまいりましたが、私は英語があまりうまくないのです）

適切な言い換え

Today I'll be talking about quality.
（本日は品質についてお話をしようと思います）

My topic for today is quality.
（本日の話題は品質についてです）

I'm here today to talk about quality.
（本日は品質の話をしにまいりました）

03 へりくだるのもほどほどに

△ **I'm not very good at this.**
（苦手なんだよ）

○ **This is challenging for me.**
（難しいけど、がんばります）

何か難しい仕事を頼まれたときに、へりくだったつもりで“**I'm not very good at this.**”と言っても、相手には、仕事をこなすだけのスキルがないことを自ら認めているように聞こえてしまう。つまり、ほかの誰かにやらせたほうがいいと言っていると思われてしまうのである。

こういうときは、困難な仕事だががんばってやってみるとアピールするほうがいい。“**This is challenging for me.**”と言ってみよう。そうすれば、ベストを尽くすつもりであること、そして、そのチャレンジを楽しんでさえいることも表現できる。

避けたい表現

I'm terrible at this.

（私はこういうことはひどく苦手です）

I can't do this.
（私にはできません）

This is impossible for me to do.
（私には不可能です）

There's no way I can do this.
（どうやったらいいのかわかりません）

適切な言い換え

This is difficult, but it's really interesting.
（難しいですが、とても面白いですね）

I'd love to become good at this.
（こういうことができるようになりたいです）

I'm going to spend extra time on this.
（これには、とくに時間をかけようと思います）

04 英語では「上司」「部下」「先輩」「後輩」はあまり問題にしない

△ **I'll ask my subordinate to do it.**
（それをするよう、私の部下に頼んでおきます）

○ **I'll ask one of my staff members to do it.**
（それをするよう、スタッフのひとりに頼んでおきます）

日本の企業では「上司」や「部下」という言葉をごく普通に使うが、諸外国ではこれにあてはまるような階級意識はない。そこで、単に"**my co-worker**"（私の同僚）と言うか、管理職や役員なら"**one of my staff members**"、あるいは"**someone from my staff**"（私のスタッフのひとり）と言うことが多い。

「先輩」や「後輩」も英語では表しにくい。"**senior**"（年長）や"**junior**"（年少）ということもできるが、普通はまず"**my co-worker**"や"**my colleague**"（私の同僚）と言う。

また、「新入社員」という日本語に対して、英語で"**freshman**"とは言えない。この言葉は学校の新入生に対してのみ使われる。英語では"**new employee**"（新しい従業員）とか“**resent hiree**”（最近雇われた人）という言い方をする。

適切な言い換え方の例

（仕事のあとで、先輩と飲みに行った）

△ **I went drinking with my seniors after work.**

↓

○ **I went drinking with my co-workers after work.**

（上司と相談してから、ご連絡いたします）

△ **I'll ask my superior and get back to you.**

↓

○ **I'll ask my manager and get back to you.**

（私は３人の新入社員を指導しています）

△ **I'm training three freshmen.**

↓

○ **I am training three resent hirees.**

05 “I think....” は自信のない証拠？

△ **I think I'll have time tomorrow.**
（明日は時間があると思う）

○ **I'll have time tomorrow.**
（明日は時間があります）

日本人が英語を習うときに、最初に学ぶ表現のひとつが“**I think....**”。そのせいか、一般的に、日本人はネイティブよりも“**I think....**”と言っている場面が多いように思える。だが、実はこれは少し誤解を生みやすい表現でもある。

たとえば、“**I think I'll have time tomorrow.**”と言うと、その意味は「明日は時間があるかもしれないし、ないかもしれない」になるのだ。

だから相手はどう考えたらいいのかわからなくなるし、あなたはしっかりしていない人だと思われる可能性がある。こういうときは“**I'll probably have time tomorrow.**”と言ったほうがよい。それなら80パーセントほどの確率で時間があると言っていることになる。より確実な情報を伝えているので、しっかりした人だという印象を与えることができるだろう。

いや、"**I think....**" は、事実ではなく意見を言うために使っているんです、と考える人もいるかもしれない。しかし、その状況から、あなたが意見を述べようとしていることが明らかなときは、"**I think....**" を使うと、かえって心もとない人だという印象を与えかねない。

たとえば、あなたが "**This is a good plan.**"（これはよい計画です）と言ったとすれば、誰もがそれはあなたの意見だとわかる。それなのに、"**I think this is a good plan.**" と言うと、少し自信がないように聞こえてしまう。

以下に、"**I think....**" を使わないほうがよい例をあげよう。

適切な言い換え方の例

（予算を増やす必要があると思います）

△ **I think we need to increase our budget.**

↓

○ **We need to increase our budget.**

（譲治は最高の社員のひとりだと思います）

△ **I think Joji is one of our best employees.**

↓

○ **Joji is one of our best employees.**

06 “May I...?” を使って許可を求めるのは子どもっぽい

△ **May I go to the conference?**
（ね、ね、会議に行ってもいい？）
※これでは子どもだ

○ **Would it be all right if I went to the conference?**
（会議に行ってもかまいませんか？）

許可を求めるとき、日本人は “**May I...?**” という表現を使いたがる。教科書の中で最初に覚えさせられた許可を求めるときの表現であることが影響しているのだろうが、まずはきちんと “**May I...?**” という表現の性格を把握し直しておこう。

もちろん “**May I...?**” を、許可を得るときに使うことは可能だが、実際には大人同士が気さくに許可を求め合うときには、あまり使われないものだ。

“**May I...?**” にはあまりにも低姿勢に許可を求める響きがあり、基本的には子どもが大人に対して「…してもいい？」と甘えて許可を求めるようなニュアンスになるからだ。

適切な言い換え方の例

（今日、早退してもいいですか？）

△ **May I go home early today?**

↓

○ **Would it be all right if I went home early today?**

（そのレポートを見てもいいですか？）

△ **May I look at the report?**

↓

○ **Could I look at the report?**

（来週の月曜日、お休みしてもいいですか？）

△ **May I have Monday off next week?**

↓

○ **Do you think I could have Monday off next week?**

“**May I...?**”は立場の弱い者が自分より上の立場の者に許可を求める表現といってもいいだろう。したがって、相手に“**No.**”と拒否される可能性が高い場面でも“**May I...?**”というフレーズが使われる場合があることも覚えておきたい。

また"**May I...?**"は、命令に使ってもかまわない。レストランでのオーダーなどがその例だ。

May I have the chef's salad?
（シェフのサラダをください）

これはていねいな命令であって、許可を得ているわけではないのは明らかだ。
"**May I...?**"は、たしかに使い方の難しい表現である。

May I have Monday off next week?

07 絶対にしてはいけない質問

× **Are you planning to get married?**
（結婚するつもりはありますか？）

○ **What do you hope to be doing in the future?**
（将来、どうしたいのですか？）

日本に来たネイティブの多くが、こんなことを言う。
「日本人は詮索好きだ」
これは日本人は、ネイティブが母国では慎むような質問を平気でするということである。日本人はおたがいの信用と調和とをたいへん重要視するが、このことが、しばしば外国人を不快にさせるような質問をすることにつながる。
ビジネスの場においては、あなたがした質問が相手を困らせたり、場合によってはセクハラにつながるようなことさえありうる。日本では、さまざまな事柄にコメントすることが許されていても、ほかの国ではセクハラと受け取られることもある。仕事とプライベートをはっきり分けたほうがよい。
たとえば、アメリカのほとんどの企業では、管理職が従業員たちと飲みに行くことを好まない。なかでも、男性管理職が男性従業員たちと飲みに出かけることをとくに嫌う。その従業員たちをひいきしているかのように思われるからである。

もし、職場の誰かをデートに誘いたいときは、一度だけ誘ってみるのはかまわないが、断られたら二度と誘ってはいけない。また、あなたがデートに誘われて、断りたいときのいちばん適切な断り文句は次のようなものである。

I prefer not to mix business with my private life.
（仕事とプライベートを混同したくありません）

I have a policy against dating people I work with.
（職場の人とはデートしない主義なんです）

I'd rather keep our relationship professional.
（私たちの関係は仕事上だけのものにしたいんです）

以下の表現は、セクハラになりかねないので、注意しよう。

Do you have a boyfriend?
（彼氏はいるの？）

Are you married?
（結婚されているのですか？）

Are you planning to have children?
（お子さんをつくる予定は？）

Don't you like men?
（男性は好きですか？）

How old are you?
（何歳ですか？）

Those jeans look nice on you.
（そのジーンズは似合いますね）

Give the client whatever he wants.
（顧客が求めることはなんでもしなさい）

Why don't you come to my house so we can discuss this problem?
（この問題を話し合うために、私の家に来ませんか？）

08 聞き取り能力のことを「ヒアリング」とは言わない！

△ **My English hearing is not very good.**
（私は英語のヒアリングがあまり得意ではない）

○ **I have difficulty understanding spoken English.**
（私は英語の聞き取りに問題がある）

“**listening**”（リスニング）と“**hearing**”（ヒアリング）は別物である。リスニングは、相手の話に集中する行為で、ヒアリングは耳から入ってくる音を理解する能力だ。つまり、リスニングはアクティブということになる。

たとえば、「彼は演説に注意深く耳を傾けた」は、“**He listened carefully to the speech.**”である。

一方、ヒアリングは受動的である。たとえば、「彼は私の言ったことを聞いてはいたが、注意を払ってはいなかった」は、つまり、集中して聞いていなかったのだから、“**hear**”を使って、“**He heard what I said, but he didn't pay attention.**”となる。

適切な言い換え方の例

△**I can't listen to you.**

(あなたの言うことが聞き取れません)

※これでは、相手の話に賛成できず、話をもうやめてもらいたいと言っているように聞こえる

↓

○ **Could you speak more slowly, please?**

(もう少しゆっくり話してくれませんか)

△ **My listening is bad.**

(私は聞き取りが苦手なんです)

※あまりにもへりくだりすぎている

↓

○ **Could you please repeat that more slowly?**

(もう少しゆっくりとくり返してくれませんか?)

09 サラリーマン＝"salary man"は日本の労働者のこと！

△ **Those salary men work for a bank.**
（あのサラリーマンたちは銀行員です）

○ **Those office workers work for a bank.**
（あのビジネスマンたちは銀行員です）

"**salary man**" という言葉は英語でもときどき使われるが、日本のビジネスマンのことしか表さない。日本人以外のビジネスマンのことを言いたいなら、"**business people**" か "**office workers**" を使おう。

"**office worker**" という言葉は一般的にビジネスマンを指すので便利だが、"**What is your job?**"（お仕事は？）という質問への返答として "**I'm an office worker.**" と言うのは、あまりに漠然としていてちょっと不親切だ。この質問には、具体的に職種や業種、会社名を答えたほうがよい。

避けたい表現

My brother is a salary man.

（私の兄［弟］はサラリーマンです）

The office ladies are taking a lunch break.

（オフィスレディたちは昼休みを取っています）

I'm an office worker.

（私はビジネスマンです）

適切な言い換え

My brother is a businessman.

（私の兄［弟］はビジネスマンです）

The businesswomen are taking a lunch break.

（女性社員たちは昼休みを取っています）

I'm a sales rep.

（私は営業マンです）

10 日本語の「クレーム」と英語の“claim”は別物

△ **The customer is making a claim.**
（その客は賠償請求をしている）

○ **The customer is complaining.**
（その客がクレームをつけている）

“**claim**”と“**complain**”（不平、不満）は同じような意味になる場合もあるが、使い方には気をつけたい。

“**claim**”の意味は“**complain**”よりも具体的だ。たとえば、“**He has a claim about his boss.**”では「彼は上司に対して不平を抱いている」とは言えない。“**claim**”の本来の意味は「要求」や「主張」で、“**He claimed that he was the hardest worker in the company.**”（彼は、自分が社内でもっとも熱心に働いていると主張した）という表現であれば正しい。

“**The accident victim made a legal claim over his broken arm.**”（事故の被害者は、腕の骨折に対する損害賠償を請求した）という表現では、“**claim**”を“**complaint**”と同じような意味合いで使ってはいるが、“**claim**”はたいていの場合、訴訟に関係する出来事に使われる。

一方、日本語の「クレーム」はほとんどの場合 “**claim**” ではなく、“**complaint**” のほうがふさわしい。「彼は現場責任者に不満を述べた」は “**He made a complaint about his supervisor.**” が正しいし、「彼は残業に関して文句をつけた」は “**He complained about working overtime.**” が望ましい。

適切な言い換え方の例

（私は自分の仕事に対していくらか不満がある）

△ **I have some claims about my job.**

↓

○ **I have some complaints about my job.**

（その客はサービスに対してクレームをつけた）

△ **The customer claimed about the service.**

↓

○ **The customer complained about the service.**

（彼女は同僚に文句を言った）

△ **She claimed to her co-worker.**

↓

○ **She complained to her co-worker.**

11 「クーラー」と「エアコン」は違う

△ **We turned on the cooler this week.**
（今週、クーラーのスイッチを入れた）

○ **We turned on the air conditioner this week.**
（今週、エアコンのスイッチを入れた）

和製英語には気をつけよう。“**cooler**”（クーラー）のような語なら“**air conditioner**”のことだと推測しやすいが、それでも、場合によっては意味が通らなくなる。

たとえば、“**I bought a cooler.**”と言えば、ネイティブは“**cooler**”を「クーラーボックス」と考え、ピクニックにでも行くつもりなのかと思うかもしれない。

以下にあげた語も、ネイティブには混乱を招きやすいので気をつけよう。

パート（一部に聞こえる） → **part-time job**

サービス（客あしらいに聞こえる）
→ **free gift, complimentary gift**

サイン（看板に聞こえる）
→ **signature, autograph**

コネ（たぶんわからない）→ **connection**

ダイヤグラム（図面に聞こえる）→ **timetable**

ウエット（ぬれたに聞こえる）→ **sentimental**

メンタリティ（思考方法に聞こえる）
→ **intelligence**

バカンス（たぶんわからない）→ **vacation**

コンクール（たぶんわからない）→ **contest**

エネルギー（たぶんわからない）→ **energy**

アルバイト（たぶんわからない）
→ **part-time job**

ノルマ（女性の名前に聞こえる）→ **quota**

フリーダイヤル（たぶんわからない）
→ **toll-free number**

インターホン（たぶんわからない） → **intercom**

アフターサービス（たぶんわからない）
→ **user-spport**

バージョン・アップ（たぶんわからない）
→ **improve, upgrade**

グレード・アップ（たぶんわからない）
→ **upgrade**

コンセント（同意に聞こえる） → **outlet**

ホッチキス（たぶんわからない） → **stapler**

ブラインドタッチ（たぶんわからない）
→ **touch typing**

ダイアルイン（たぶんわからない）
→ **direct dialing**

マジックテープ（たぶんわからない） → **velcro**

シャープペンシル（削った鉛筆に聞こえる）
→ **mechanical pencil**

シール（密封、印に聞こえる）→ **sticker**

プリント（印刷するに聞こえる）→ **handout**

DM（たぶんわからない）
→ **direct marketing**

CM（たぶんわからない）→ **commercial**

コストダウン（たぶんわからない）
→ **reduce costs**

ガードマン（たぶんわからない）
→ **security guard**

マスコミ（たぶんわからない）→ **mass media**

テーブルスピーチ（たぶんわからない）
→ **after-dinner speech**

NG（たぶんわからない）→ **no good**

アンケート（たぶんわからない）
→ **survey, questionnaire**

12 “toilet” は下品な言い方

△ **Where is the toilet?**
（便所はどこ？）

○ **Where are the restrooms?**
（お手洗いはどこでしょうか？）

イギリスでは **“toilet”** は「お手洗い」にあたる言葉として使われるが、アメリカでは、どういうわけか下品な言葉とされる。多くの場合「便器」そのものを指すからだ。そこで、もっと上品な言葉に、次のような言葉がある。

restroom
men’s room
ladies’ room
bathroom
water closet（イギリス）

同様に、**“shit”** も気をつけたい言葉だ。私は日本人がこの言葉を間違った状況で使うのを聞いたことがある。そもそも **“shit”** は卑俗であり、禁止語だ。

こうした言葉をよく使う人がいるのはたしかだし、そういう人と話をするのならば、あなたが使うのはかまわないかもしれない。しかしこれをひどく嫌う人に対し、うっかり使ってしまったら、大きな問題になりかねない。

また、こうした禁止語の中には宗教に関係するものもある。相手の宗教を侮辱するととんでもないことになるので、絶対に使わないように。相手を怒らせないような言い換え表現もあるが、感情的で幼い人間だと思われることは避けられないだろう。

禁止語の言い換え方の例

Shit! → **Shoot!**（くそっ！）

Fuck! → **Frick!**（くそっ！）

Jesus Christ!
→ **Gee whiz!**（なんということだ！）

God damn it!
→ **Gosh darn it!**（ちくしょう！）

He makes me so damn mad.
→ **He makes me so darn mad.**（彼には頭にきたぞ）

13 英語で敵をつくらないためには

△ **My manager is fat.**
（私の上司は太っています）

○ **My manager is a big person.**
（私の上司は体格がいいです）

グローバルなビジネスの場においては、さまざまなタイプの人々に出会う。仕事に集中し、成功を模索するのは当然だが、その過程で、相手の気持ちを傷つけるようなことがあってはならない。だから相手の感情を害するような表現を使わないように注意しよう。

適切な言い換え方の例

× **My manager is fat.**
（私の上司は太っています）

○ **My manager is a little overweight.**
（私の上司はちょっと体重がありすぎますね）

避けたい表現と適切な言い換え

skinny → **thin, slim**　（やせた）

ugly　※やや差別的
→ **plain**　（不美人＝平凡な）

juvenile　※やや差別的
→ **young people**　（若者）

old man/woman → **elderly**　（年寄り）

次のフレーズは友人との間でのみ許されるもので、いかなるビジネスの場においても使ってはならない。

It looks like you've gained some weight.
（少し太りましたね）

I didn't know you wore glasses.
（メガネをかけられるとは知りませんでした）

You look like you haven't been getting any sleep.
（寝てないみたいですね）

Are you pregnant?
（妊娠されているのですか？）

How old are you?
（何歳ですか？）

Why do you have a mustache?
（どうしてひげをたくわえているのですか？）

What happened to your leg? (to someone who limps)
（[脚が悪い人に] 脚をどうかされましたか？）

基本的に、たいていの場合は人種の話題は避けたほうが無難だ。

だから、次のケースもこうしてみるとよい。

× **We have one black woman working for us.**
（わが社には黒人女性の従業員がひとりいます）
↓
○ **We have an employee from Kenya.**
（わが社にはケニア出身の従業員がひとりいます）

人種に関する話題を出すのはそれが適切な場合に限られ

るが、適切であることなどめったにない。アメリカにおいては、そういう話題自体が、訴訟問題になりうることを覚えておいてほしい。

避けたい人種差別の表現と適切な言い換え

Eskimo → **Inuit**（イヌイット）,
Native Alaskans（エスキモー）

Indian → **Native American**（インディアン）

Jew → **Jewish**（ユダヤ人）

Oriental ※やや差別的
→ **Asian, Asian American**
（アジア系アメリカ人）

black → **African American**
（黒人＝アフリカ系アメリカ人）

14 ビジネスで男性／女性を意識してはいけない

×**She's a really nice girl.**
（彼女は本当にいい女だ）

○**She's a really nice person.**
（彼女は本当にいい人です）

性別を意識するのは避けること。とくに子どもでもない人に、"**girl**" や "**boy**" はもってのほか。性別にまつわる言葉を使うと、性差別していることになるので注意。

適切な言い換え方の例

× **We need to select a new chairman.**
（男性の新しい議長を選ぶ必要がある）
↓
○ **We need to select a new chairperson.**
（新しい議長を選ぶ必要がある）

避けたい性差別の表現と適切な言い換え

anchorman　（ニュース総合司会者）
　→　**anchor**

bellboy　（ベルボーイ）　→　**bellhop**

businessmen　（サラリーマン、OL）
　→　**businessmen and businesswomen**

common man　（一般人）
　→　**common person, the average person**

foreman　（職長、現場責任者）　→　**supervisor**

man, human beings　（人間、人）
　→　**humankind, men and women, women and men, the individual**

manpower　（労働力）
　→　**human resources, personnel, staff**

CHAPTER 2

カイシャ英語でコミュニケーションの達人

ビジネスは人と人との関係で成り立っている。そのためには、同僚やクライアントとの意思の疎通が重要だ。CHAPTER 2では、コミュニケーションの達人になれるカイシャ英語をご紹介！

01 気持ちを伝える英語を使おう

△ **You're right.**
（あなたは正しい）

○ **You hit the nail on the head.**
（まさにそのとおり）

現実のビジネスの場では、教科書で習った多くのフレーズはあまり使われない。

“**You're right.**” という表現は、日常の出来事においては使ってもかまわないが、あまり気持ちが入っていない言い方だ。単に「正しい」と言っているだけで、心から相手を称えたり、強く同意するという気持ちがこめられていないのだ。

Yes.（はい）

Okay.（オーケー）

All right.（いいです）

適切な言い換え

I see.（わかりました）

Great!（すばらしい！）

That would be great.（それはすごい）

You hit the nail on the head.

02 感謝は具体的に！

△ **Thank you.**
（ありがとう）

○ **You're doing a super job on the A project.**
（Aプロジェクトでは、すばらしい仕事ぶりですね）

人は、ときには、ほめ言葉や感謝の言葉以上のものを求めるものだ。"**Thank you.**" と言われても、それは当然と思うこともある。相手の努力に感謝の気持ちを示したいときには、"**You're doing a super job on the A project.**" のような表現を使うとよい。

"**Thank you very much.**" という表現にも注意をしてほしい。あまり使いすぎると、社交辞令のようになってしまう恐れがある。"**very**" を "**so**" に換えるだけでも、ずっと心がこもった感じになる。

また、"**Thank you for....**" と、具体的な理由を加えるのもよい。

使い方の例

Thank you for helping me with the presentation.

（私のプレゼンを手伝ってくれてありがとう）

適切な言い換え方の例

（本当にありがとう）

△ **Thank you very much.**

↓

○ **Thank you so much.**

（どういたしまして）

△ **You're welcome.**

↓

○ **It's my pleasure.**

（なんでもありませんよ）

△ **No problem.**

↓

○ **Anytime.**

You're doing a super job on the A project.

03 知らないうちに「怒り」をふりまいているかも？

△ **Who took my stapler?**
（私のホッチキスを持っていったのは誰？）

○ **Has anyone seen my stapler?**
（誰か私のホッチキスを見かけませんでしたか？）

日本人が英語を話しているとき、知らないうちに怒りを表す表現を使っていることがある。“**Who took my...?**”というのは、誰かが許しも得ずに自分のものを使ったうえに返してくれないことに対する、怒りの表現としてよく使われる。つまり、他人のものを無断で使ったことに対して、みんなを疑い非難しているように聞こえるわけだ。

単純に自分のものを捜しているのなら、“**Has anyone seen my...?**” と言おう。“**took**” という言葉を使わないことで、あなたが怒っているのではないことが表せる。

避けたい表現

Who has my stapler?
（私のホッチキスを持っているのは誰？）

Where is my stapler?

（私のホッチキスはどこ？）

Would whoever took my stapler return it?

（私のホッチキスを返してくれない？）

適切な言い換え

I seem to have misplaced my stapler. Has anyone seen it?

（ホッチキスをどこかに置き忘れたみたい。誰か見かけませんでしたか？）

Do you have any idea where my stapler might be?

（私のホッチキスがどこにいったか、心当たりはありませんか？）

I can't find my stapler and I was wondering if you knew where it was.

（私のホッチキスが見あたらないんです。ご存じありませんか？）

04 「ひさしぶり」も言い方によっては怒っているように聞こえる？

△ **I haven't seen you for a long time.**
（いったいどうしてたんだ！）

○ **How have you been?**
（ひさしぶりですね）

「ひさしぶり」と言うつもりで“**I haven't seen you for a long time.**”と言っても、それは長い間連絡をしてこなかったことに怒っているように聞こえる場合がある。日本語の「ひさしぶり」に合致する表現は、実は英語にはない。

表現自体はいろいろある。たとえば、“**Long time, no see.**”“**Where have you been hiding yourself?**”などだ。

しかし、いちばん一般的なのは、“**How have you been?**”だろう。これには、また会えてうれしいという、温かみやよろこびなどが含まれている。

避けたい表現

It's been a long time.

（おやおや、ずいぶんとひさしぶりだこと）

Where have you been?

（いったい、どこへ行っていたの？）

I've been waiting for you.

（ずっと待っていたのに）

適切な言い換え

What have you been up to?

（ひさしぶりじゃない）

Where have you been keeping yourself?

（どうしてた？）

Long time, no see.

（おひさしぶりですね）

05 ビジネスでは、男性言葉がスタンダード

△ **That's really lovely.**
（可愛い～！）
※lovelyは女性言葉

○ **That's really nice.**
（本当にすてきですね）

上のふたつの文に問題はない――“**lovely**”と“**nice**”以外は。

といっても、“**lovely**”という言葉自体に問題があるわけではないし、とくにイギリスでは男性女性がともに好んで使う言葉でもある。しかしアメリカ人にとっては、“**lovely**”は女性言葉として聞こえる。

女性的な言葉を使う男性はもちろんいるし、それ自体は問題ではない。しかし、われわれは使う言葉によって人となりを判断されること、そして、言葉の中には男性よりも女性によく使われるものがあることを知っておく必要がある。

女性がよく使う言葉というのは、残念ながら、男性がよく使う言葉よりも弱い印象を与えがちだ。上の文も、“**That's really nice.**”と言ったほうが“**That's real-**

ly lovely." と言うよりも強い印象を与えるだろう。
以下も同じような例なので、参考にしてほしい。

（おや、まあ！）
女性：**Oh, dear!**　男性：**Oh, no!**

（ショックだ）
女性：**I'm just shocked.**　男性：**I'm shocked.**

（とてもすばらしいプレゼンだった）
女性：**What a wonderful presentation!**
男性：**That was a great presentation.**

06 ビジネスでは、シンプルで はっきりした表現を

△ **We will send your order in due course of time.**
（ご注文の品は近いうちに発送いたします）

○ **We will send your order soon.**
（ご注文の品はすぐに発送いたします）

“**We will send your order in due course of time.**” は完全に正しい英語である。しかし、長すぎるし、相手によってはおおげさな印象を与えてしまう。

以下の表現もビジネスでよく使われるが、より明確で直接的な言い方がある。

（多くの）
a considerable number of → many

（〜の結果）
as a result of → because of

（〜にしたがって）
as per → regarding/according to

（～によって、～を用いて）
by means of　→　by, with

（予想に反して）
contrary to expectations
→　we didn't expect

（郵送する）
forward by post　→　mail

（～することができる）
has the capability of　→　can

（論議する）
have a discussion　→　discuss

（～を考慮して）
having regard to　→　about

（すぐに）
in due course of time　→　soon

07 “You should ....” は相手を責める表現！

△ **You should come at 8:00.**
（[無理だろうけど] 8時に来たら？）

○ **Maybe you should come at 8:00.**
（8時に来たらどうですか？）

あなたは、“**You should have**＋過去分詞**....**” を「…をするべきだった」と訳すように学校で習っただろう。しかし英語では、「…するべきだったけれど、あなたのことだから、…しないだろう」という、痛烈な皮肉の意味になることが多い。

たとえば、“**You should have told me sooner.**” と言えば、「もっと早く言ってくれよ！　でもまあ、それは期待できなかったかもな」という、たいへん非難めいた言い方になってしまう。

また、この表現は、過去をあげつらっていて、未来志向とは言えない。将来同じ状況になったときでも、相手は「どうせ期待されていないんだから」と考え、また同じことがくり返される可能性が大いにある。

しかし、できる社会人は状況の改善を望むものだ。それなら、こう言おう。

Next time, please tell me sooner.
(今度はもっと早く言ってくださいね)

“**should**”は、正確に使うのが難しい単語だ。日本の学校では、あるべき状況を提案するのに使うと教えている。だから、“**You should come at 8:00.**”と言えば、「8時に来たらどう？」という意味だとあなたは思うだろう。しかし実際には「8時に来るべきだけど、あなたのことだから来られないよね」と相手には聞こえているのだ。

主語を“**You**”にした“**You should….**”という表現はネイティブにとっては、まず間違いなくネガティブな表現である。以下の例は、とても自然な言い回しだが、同時に強い否定的な意味を伴う。

You should know better.
(バカめ！)

You should take better care of your computer.
(自分のパソコンぐらい自分でなんとかしろよ)

You should know about this.
(こんなこともわからないのか)

“**You should come at 8:00.**” を非難がましく聞こえないようにするいちばん簡単な方法は、“**Maybe**” を冒頭につけることだ。

“**Maybe you should come at 8:00.**”。こう言えば、遠回しに改善を求めているように聞こえる。

“**You should….**” というフレーズはぜひ忘れて、その代わりに “**Maybe you should….**” というフレーズを覚えるようにしてほしい。

08 相手を傷つけない表現を心がけよう

△ **I'm not interested in.**
（興味なんかないよ）

○ **I want to focus on other things.**
（いまはほかのことに力を入れたいんです）

最初の文のように言えば、相手の感情を傷つけかねない。相手が何かを提案したり申し出をするのは、相手がそのことに興味があるからだ。それに対して、ストレートに興味がないと言ってしまうと、相手の提案や申し出をバカにしていると受け取られる恐れがある。

社会人としての英語の話し方を身につけたいのならば、"**not**" や "**never**" "**dislike**" などの否定語の使用を避けよう。同様に、"**This isn't good enough.**"（あまりよくない）や "**This is too short.**"（これは短すぎる）などのような表現も、否定的な響きが強く、相手の意欲を失わせることにもなりかねない。

相手の心を傷つけないように、批判したい場合は肯定的な言葉づかいを心がけるようにしたい。

適切な言い換え方の例

△ **This is too short.**

（これは短すぎる）

↓

○ **It's good, but it should be a little longer.**

（これもいいですが、もう少し長いほうがいいでしょう）

△ **This isn't good enough.**

（これはあまりよくない）

↓

○ **I think this could be better.**

（これはもっとよくなると思いますよ）

△ **I don't have time for this now.**

（いまこれをやっている時間はないんです）

↓

○ **I think I might be able to do this when I'm not so busy.**

（あまり忙しくないときなら、できるんじゃないかと思うんですが）

避けたい表現

I don’t care about that.

（それはどうでもいいです）

I don’t like this.

（これは好きではないです）

That’s not interesting to me.

（それにはあまり興味がないです）

適切な言い換え

I’m actually more interested in another idea.

（実は、ほかのアイデアのほうにより興味があるんです）

I don’t know if that would be right for me.

（それが私にふさわしいかどうか、わからないんです）

I’d like to pursue other options.

（ほかの選択肢を選びたいんです）

09 名乗るときは、「名、名+姓」で言うと親切

△ **My name is Tanaka Tarou.**
（私の名前は、田中太郎です）

○ **My name is Tarou, Tarou Tanaka.**
（私の名前は太郎です。田中太郎です）

外国人にとっては、日本人の名前を聞きとるのが難しく感じられるときがある。名字と名前の境目もわからない場合があるし、日本語では名字を先に言うので混乱してしまうのだ。

そこで、名乗るときは、名前を2回言ってから、そのあとに名字を言ってみよう。そうすれば、くり返したのが名前で、そのあとが名字だと伝わる。そのうえ、相手は名字ではなく名前で呼ぶことができるので、堅苦しい雰囲気がなくなるという効果もある。

避けたい表現

This is Tarou Tanaka.
（こちらは田中太郎です）

※まるで電話の応対のようでおかしい

I'm Tanaka.

（私は田中です）

I am Tarou Tanaka of Hayashi Shuppan.

（私は、林出版の田中太郎です）

※不自然な感じがする

適切な言い換え

My name is Tarou Tanaka. That's Tanaka. T-A-N-A-K-A.

（私の名前は田中太郎です。田中、T-A-N-A-K-Aです）

I'm Tarou Tanaka from Hayashi Shuppan.

（林出版の田中太郎です）

My name is Tanaka. Tarou Tanaka.

（私の名字は田中です。田中太郎です）

※よりフォーマルな言い方

10 “Fine, thank you.” では堅苦しいあいさつになる

△ **Fine, thank you.**
（はい、元気です）

○ **Pretty good.**
（とっても元気ですよ）

なんでも“**fine**”を使えばいいわけではない。“**How are you?**”（お元気ですか？）の返答に“**I'm fine. But I have a cold.**”（元気です。でも風邪をひいています）と言う日本人に、ネイティブは首をひねってしまう。

そもそも、“**fine**”はかなり堅苦しい返答である。フォーマルな場所で初めて会った人に対して使うもので、それ以外のほとんどの場合には、もっとくだけた言い方のほうがよい。ほかにも、次のような返答がある。

Really good.（とっても元気です）

Not bad at all.（とても元気です）

Couldn't be better.（最高に調子いいです）

Can't complain.（順調です）

避けたい表現

I'm fine, thank you. And you?
（とてもよろしいです。ありがとうございます。そちら様は？）
※これでは、冷たく聞こえてしまう

How are you?（そちらこそどうなの？）

適切な言い換え

Good thanks. And you?
（いいですよ。そちらはどうですか？）

Pretty good. Yourself?
（とてもいいです。あなたはどう？）

11 “had better” は「〜したほうがいい」ではなく脅迫！

△ **You’d better not be late again.**
（二度と遅れるんじゃないぞ）

○ **I need you to be here on time.**
（時間どおりに来ていただきたいのですが）

日本人の英語学習者の多くが、“**need**” と “**had better**” の違いをきちんと理解していない。

“**need**” は、アドバイスをするときに使われ、一方の “**had better**” は、ほとんどの場合、警告や脅迫のために用いられる。

“**You had better not be late again.**” と言ってしまうと、相手は脅されたと感じ、あなたに嫌われていると思いこむ恐れがある。こういうときは脅迫のニュアンスのある “**had better**” を使わず、“**I need you to be here on time.**” と言おう。この表現なら、相手は自分があなたにとって重要な人物であることを理解し、次はもっと早く来ようと努力するはずだ。

Why are you always late?
（なぜいつも遅刻するんだ？）

You have to be on time.
（時間どおりに来なさい）

適切な言い換え

I think we need to work on your lateness problem.
（あなたの遅刻を改善する方法を、いっしょに考えたいと思うのですが）

Is there some reason why you're late so often?
（よく遅刻するのには、なにか理由があるのですか？）

I'm depending on you to be on time from now on.
（これからは、時間どおりに来てくれることを期待しているんですよ）

12 聞き返しは“Pardon?”で十分

△ **Could you repeat that, please?**
（もう一度おっしゃっていただけませんか？）

○ **Pardon?**
（もう一度いいですか？）

“**Could you repeat that, please?**” は、学校の教室などフォーマルな場所でのみ使われる堅苦しい表現だ。電話の番号案内サービスでも、オペレーターがこう聞き返すことがあるが、ほとんどのケースでは不適切だ。

ビジネスの場で使われるもっともフォーマルな表現は“**Pardon me?**” だ。上司や重要な顧客に対して使うときに便利だ。もっとくだけた場面では、“**What?**”（なに？）、“**Sorry, I didn't catch that.**”（ごめん、聞き取れなかった）、あるいは“**Pardon?**” でかまわない。同僚や、よく知っている相手には、“**Huh?**” や “**Hey?**” “**Sorry?**” などの短く、単純なフレーズで十分だ。

Please repeat that.
（くり返して言ってください）

What did you say?
（なんと言いましたか？）
※怒っているように聞こえるし、疑っているようにも受け取られかねない

Once more, please.
（もう一度お願いします）
※なにかの行動を、もう一度してほしいかのように聞こえる

適切な言い換え

Did you say "long time" or "wrong time"?
（"**long time**" と言ったのですか、それとも "**wrong time**" と言ったのですか？）

What was that?
（それはなんだったのですか？）

Who did you say you talked to yesterday?
（昨日、誰と話してたのですか？）

13 「今週やります」はだめ！

△ **I'll do it sometime this week.**
（今週中にはやります）

○ **I'll do it by Friday.**
（金曜までにやります）

コミュニケーションの上手な人は、あいまいな表現を避ける。あいまいなことを言えば、「私はいいかげんな人間です」と宣言しているようなものだ。だから、たいていの場合は、具体的に、何をするのかを伝えたほうがよい。

たとえば、"**I'll do it sometime this week.**"と言っても、"**I'll do it by Friday.**"と言っても、意味合いは同じようなものだが、前者はあいまいに聞こえて、まるであなたが約束を避けているかのようだ。相手は、もしかすると、あなたをあてにするのをやめて、誰か別の人に頼むかもしれない。

けれども、具体的に言うと、あなたは責任感のある人だと受け止められる。

"**I'll do it by Friday at 3:00.**"（金曜の３時までにやります）と言えれば、さらによい。

具体的であればあるほど、責任をもってやると受け止められ、プロ意識の高い人間という印象を与えられる。

以下はあいまいな言い方と、それを具体的に言い換えた例である。

適切な言い換え方の例

△ **I'll try to do it this month.**

（今月中にはやります）

↓

○ **I'll make sure it's done by the end of this month.**

（今月末までには必ずやります）

△ **If I can, I'll do it today.**

（できれば今日中にやります）

↓

○ **I'll do it today or tomorrow by 5:00.**

（今日、もしくは明日の5時までにやります）

△ **I'll call you sometime next week.**

（来週電話します）

↓

○ **I'll call you on Tuesday morning.**

（火曜日の午前中にお電話いたします）

14 「わかりません」と言うな！

△ **I'm not sure, but maybe....**
（よくわからないけど…かな）

○ **I don't know, but I'll send you an answer tomorrow.**
（いまはわからないのですが、明日にでも回答します）

最初の表現は、答えを推測しつつ、よくわかっていないことを相手に示しているが、ビジネスの場ではこんな発言があってはならない。

わからないなら、答えを見つけること。わからない、知らないで終わらせてしまうのは、相手を不快にするものである。逆に、正直に「いまはわからないが、すぐに調べてできるだけ早く情報を見つけ出します」と言えば、自分をできる社会人としてアピールすることになる。

あてずっぽうは、場合によっては、相手に大きな迷惑をかけることもありうる。相手はあなたのその「推測」で仕事を進めるかもしれないのだから。

たとえ、その場で正確な情報を持っていなくても、すぐに相手にそれを伝えて信用させることが大切だ。

Who knows? That might be it.

（さあ、そうなんじゃないですかね）

Don't ask me. I don't know.

（私に聞かないでください。わからないから）

That could be it. Try it and see.

（そうなんじゃないですか。やってみましょう）

適切な言い換え

I'm not sure. Let me check and tell you later.

（よくわからないので、調べてあとでご連絡します）

I'll find out and send the answer to you.

（調べて、ご回答いたします）

If you'll give me some time, I'll get the answer to you.

（ちょっと時間をいただけませんか。お調べいたします）

15 「絶対」は絶対言ってはいけない！

× **He's always late.**
（彼は遅刻ばかりでしょうがない）

○ **He's often late.**
（彼はたまに遅れます）

最初の文のような言い方を、ネイティブがよく口にするのを聞いたことがあるかもしれないが、実は、教養のあるネイティブはめったに口にしない表現である。

"**always**" という語は、過去・現在・未来のすべてを言い表す単語なので、決して変わらない状況を言っているように聞こえてしまう。つまり、"**He's always late.**" と言うと、彼は絶対に遅刻するから、もうどうしようもない、と断言していることになりかねない。

だから、よく起きる事柄を言いたいときには、"**He's often....**" と言うべきなのだ。

これなら、いままではよく遅刻していたが、これからはわからないというニュアンスになり、今後遅刻させないようにするにはどうしたらよいだろうかと解決策を考えたり、あるいは策を求めているような、建設的な言い方になる。

同様に、“**never**” も身もふたもない表現だ。“**This copy machine never works.**”（このコピー機は動かない）と言うと、もうお手上げだと言っているように聞こえる。しかし、“**never**” を “**seldom**” にすると、建設的な言い方になる。

つまり、“**This copy machine seldom works.**”（このコピー機はよく動かなくなる）と言えば、“**Let's do something about it.**”（なんとかしよう）とか “**Let's replace it.**”（新しい機械に替えよう）といった気分になり、会話が続くわけだ。

よくない状況や事柄を、“**always**” “**never**” を使って言うと、おおげさになってしまうし、通常は批判するために使われる言葉であるために、“**You never....**” とか “**You always....**” と言えば、相手は自分が非難されたと感じたり、戦闘的な態度をとったりしかねない。

最悪の場合、相手はあなたのおおげさな言い方をあげつらい、あなたを無視することもありうるのだ。

適切な言い換え方の例

（十分な資金がまったくない）

△ **We never have enough money.**

↓

○ **We seldom have enough money.**

（私は待ち合わせによく遅れます）

△ **I'm always late for appointments.**

↓

○ **I'm sometimes late for appointments.**

（あなたは私のことを、よく誤解されますね）

△ **You always misunderstand me.**

↓

○ **You sometimes misunderstand me.**

16 “apparent”は、一語で「明らかな」と「～らしい」というふたつの違う意味がある

He is the apparent next president of our company.
（彼がわが社の次期社長らしい）

It’s apparent that he will be the next president of our company.
（彼がわが社の次期社長になるのは明らかだ）

英語を学んでいる日本人の多くが、“**apparent**”は「明らかな」という意味だと思いこんでいる。しかし、用法によっては「～らしい」という意味になる。

たとえば、“**It’s apparent that….**”と言えば、「…なのは明らかだ」という意味になるが、直接、うしろに名詞がくると「見かけ上の、～らしい」という意味になることが多い。ただし“**apparent reason**”など、特定の名詞がくる場合は「明らかな理由」という意味になる。

さらに“**apparently**”は、「～らしい」という意味になる。

まぎらわしい語はほかにもある。

I’m anxious to go.

(私はなんとしても行きたい)
※ “**be anxious to...**” で「…を熱望する」

I'm anxious about going.
(私は行くことが心配だ)
※ “**be anxious about...**” で「…を心配する」

I want you to overlook this project.
(あなたにこのプロジェクトを担当してほしい)
※ “**to overlook**” で「監督する」

Don't overlook any mistakes.
(どんなミスも見逃すな)
※ “**overlook**” で「見逃す」

We had an awful day.
(ひどい一日だった)
※ “**awful**” で「ひどい、恐ろしい」

We had an awfully nice day.
(すばらしくいい日だった)
※ “**awfully**” で「とても、たいへん」。“**very**” と同じ

“apparently” で「〜らしい」の例

Apparently, he was wrong.
（彼は間違っていたようだ）

Apparently, he won’t graduate.
（彼は卒業しないらしい）

Apparently, there is a demand for this product.
（この製品の需要はありそうだ）

“apparently” で「明らかな」の例

It’s apparent he was wrong.
（彼が間違っていたのは明らかだ）

It’s apparent that he won’t graduate.
（彼が卒業しないのは明らかだ）

There is an apparent demand for this product.
（この製品に需要があるのは明らかだ）

17 “I will not....” は強い拒否の意思を表すことがある

△ **I will not go to the meeting.**
（その会議には断じて行くつもりはない）

○ **I’m not going to go to the meeting.**
（その会議に行く予定はない）

“**I will not....**” は単なる未来形のように思えるが、実際は拒否の意味を含む強い気持ちを表している。

ネイティブはよく “**I will not go to the meeting no matter what you say.**”（あなたがなんと言おうと、その会議に行くつもりはない）などと言う。一方、2番目のフレーズは「行かない」ことを表す普通の言い方だ。これには拒否のイメージはない。

“**I will**” にもまた、特別な意味がある。“**I will sell him this car.**” と言えば、彼に車を売る強い決意が表れている。一方、短縮形にして、“**I’ll sell him this car.**” にすると、車を売ることをいとわないという感情がこめられた表現になる。

同様に、日本人は “**I am**” と “**I’m**” は同じだと教えられているが、やはり違うことを知っておかなければならない。

“**I am**”には反抗の気持ちがこめられている。だから、あなたが相手に対して少し腹を立てているときには、“**I am....**”と言ったほうが強い口調になる。一般的に短縮形を使うと、意味が穏やかになる。強い調子で言いたければ、短縮形にはしないということである。

He is not my boss.
（彼は私の上司なんかではない）

He does not like this proposal.
（彼はこの提案がまったく気に入らない）

He isn't my boss.
（彼は私の上司ではありません）

He doesn't like this proposal.
（彼はこの提案が好きではありません）

18 面会の「約束」は“promise”ではなく“appointment”

△ **I'm Hiroshi, Hiroshi Saito. I have a promise with Mr. Johnson in marketing.**
（私は斎藤弘です。マーケティング部のジョンソンさんと約束を交わしました）

○ **I'm Hiroshi, Hiroshi Saito. I have an appointment with Mr. Johnson in marketing.**
（私は斎藤弘です。マーケティング部のジョンソンさんと面会の約束があります）

大きな会社を訪問するときは、受付で面会の約束があることを告げなくてはならない。この場合、まず名前を名乗り、それから会社名、そして面会の約束があることを言う。

このとき、“**I have a promise.**”と言わないように注意しよう。それは「約束を交わした」と言っているように聞こえるからだ。あなたがABC社の田中麻里さんで、Bill Smith氏と面会の約束があるなら、こう表現することになる。

I'm Mari Tanaka from ABC Corporation. I have an appointment with Mr. Bill Smith.

私はまた、日本の大きな会社の受付で、受付係が外国人の来客に向かって、"**Do you have a promise?**"（あなたは見込みがありますか？）と、言ったのを耳にしたことがある。

面会の約束の有無を聞くなら、もちろん、"**Do you have an appointment?**" である。

ほかの適切な言い換え方

I'm Hiroshi, Hiroshi Saito. I'm here to see Mr. Johnson.
（私は斎藤弘です。ジョンソンさんにお目にかかりたいのですが）

I'm Hiroshi, Hiroshi Saito. I have an appointment with Mr. Johnson at 2:00.
（私は斎藤弘です。ジョンソンさんと2時に面会の約束があります）

19 失礼な質問の仕方をしないように！

△ **Why did you do it?**
（なぜそうしたのですか？）

○ **I'm sure you had a reason for doing it. Could you explain?**
（そうなさった理由がおありと思いますが、説明していただけませんか？）

“**Why did you do it?**” という質問では、相手を責めているような印象がある。一方、“**I'm sure you had a reason for doing it. Could you explain?**” には、相手を問いただしているような印象はなく、相手の言い分に耳を傾けようとする姿勢が表れている。

よくある “**Who**” “**What**” “**Where**” “**Why**” “**When**” の疑問文は使い方を間違えると、相手を非難しているニュアンスになることがあるので要注意だ。たとえば、“**Where are you going?**” という疑問文は「なんで出かけようとしているんだ？　まだ早いよ！」というニュアンスになりかねない。相手の行き先を聞きたいのなら、“**Where are you headed to?**”（どちらへいらっしゃるのですか？）のほうがていねいだ。

"Who are you?" という疑問文も、見知らぬ人を怪しんでいるときに使われる場合に多い。名前を聞きたければ、**"May I have your name, please?"**（どちらさまでいらっしゃいますか？）のほうが、ビジネスの場にふさわしい。

いつ仕事が終わるのかを聞きたいときも、**"When are you going to finish?"** では、イライラして待っているような感じがしてしまう。**"When do you think you'll be finished?"** と聞くほうがよい。

相手が何をしているのか、ごく普通に聞きたい場合も、**"What are you doing?"** では、まるで相手の間違いを指摘しているように聞こえてしまう。こういうときは **"What's that you're doing?"** と聞いてみよう。

避けたい表現

How could you make a mistake like that?
（どうすれば、そんな間違いができるんだい？）

What were you thinking?
（いったい、何を考えていたんだ？）

適切な言い換え

Would you mind explaining why you did that?

（あなたがそうなさった理由を、説明していただけませんか？）

Is there a reason why you did that?

（あなたがそうなさったのには、何か理由がおありなのでしょうか？）

CHAPTER 3

仕事の評価が急上昇するカイシャ英語

ビジネスの現場ではちょっとした表現の違いで、評価が上がることも、急降下することもある。そこでCHAPTER 3では、自分の評価をぐ～んとアップできるカイシャ英語を紹介しよう。

協調性をアピールする表現を使え

△ **What else do you want?**
（ほかになにをしろと言うの？）

○ **Can I do anything else for you?**
（ほかになにかできることはありますか？）

あなたが誰かに頼まれたことをやり終えたあとで、“**What else do you want?**” という言い方をすると、相手はあなたに迷惑をかけたと思い、次からはあなたに助けを求めなくなるだろう。

おたがいさまと考えることが大切だ。今回はあなたが相手を助けたが、もしあなたが助けを必要とするときには、今度は相手があなたを助けてくれるかもしれないではないか。

ビジネスでの成功には、協力関係が欠かせない。協調性を示すことは難しいことではないし、そこから得られる恩恵も大きい。相手を助けることがあなたの仕事の妨げになったとしても、自分の仕事にもどる前に、“**Can I help you in any other way?**” と言ってみよう。あなたがそう言ってくれたことをその後も相手は覚えていて、頼りになる人だと思ってくれるだろう。

I hope there's nothing else you need. I'm busy.

（もういいでしょう？　私は忙しいんです）

Okay, I'm done. I have to go.

（さあ、やったぞ。もう行かなくちゃ）

Don't make a habit of asking me to do this, okay?

（私にいつも頼めると思わないでくれよ）

適切な言い換え

Is there anything else you need help with?

（ほかになにか手伝ってほしいことは、ありませんか？）

Anything else I can do while I'm here?

（ここにいる間に、私がほかにできることはありますか？）

I can help you with something else if you need it.

（必要なら、ほかにもお手伝いできますよ）

02 積極性を見せよ

△ **I'm willing to help.**
（手伝ってもいいですよ）

○ **I'd be happy to help.**
（手伝いましょう！）

"**I'm willing to help.**" と言ってはいけないというわけではないが、この言い方ではやる気も、チームの一員としてやっていく意欲があることも、アピールできていない。自分の仕事がどんなに忙しくても、頼まれたら喜んでやるようにしよう。

もちろん、本当に自分の仕事がきびしい状況にあるのならしかたがない。しかしその場合は、それを理解してもらえるようはっきり表現することが大事。

Okay, I'll help if everyone else is going to.
（ほかに誰かやるのなら、手伝ってもいいですよ）

Well, if I have to, I will.

（やらなくちゃいけないなら、やりますけど）

I don't have much time, so let's get this over with.

（あまり時間がないんで、パパッとやっちゃいますか）

　最後の表現はかなりぞんざいなものなので、使わないことを強く勧める。自己中心的で傲慢（ごうまん）な印象を相手に与えかねない。

適切な言い換え

I can lend a hand.

（手伝いましょう）

Here, let me help you.

（手伝わせてください）

Is there anything I can do?

（ほかにできること、ありませんか？）

03 転職や新しい部署へ異動したときの表現

△ **There's no training program?**
（職業訓練のプログラムはないんですか？）

○ **I'm sure I'll learn as I go along.**
（やりながら習っていけばいいですよね）

最初の表現は、まるで職業訓練に対する会社のやり方が実際的でもわかりやすくもない、と言っているかのように聞こえてしまう。あなたにとって新しい環境に慣れるには、その環境について学び、そこで自分に何ができるかを知ることが、いちばんよい方法である。

"**I'm sure I'll learn as I go along.**" と言えば、あなたが積極的に働く意思があり、まわりの人々から学ぶつもりがあることを示すことができる。

避けたい表現

How am I supposed to learn if no one shows me?
（誰も教えてくれないのに、どうやって覚えたらいいんですか？）

This company doesn't offer very good support.
（この会社は、あまりいいサポートをしてくれないんですね）

If I make a mistake, don't blame me.
（失敗しても、私のせいではありませんよ）

適切な言い換え

I'll be working with experienced people, so it'll be okay.
（経験豊富な方たちばかりがまわりにいるので、だいじょうぶでしょう）

I do have some experience, and I can ask questions and do research when I need to.
（少し経験もありますし、必要なときには質問したり調べたりしますよ）

I'm looking forward to the challenge.
（新しいことにチャレンジできるので楽しみです）

04 「自信がある」とはっきり言おう

△ **I'll try not to disappoint you.**
(失望させないようにがんばります)

○ **I won't disappoint you.**
(期待は裏切りません!)

"**I'll try not to disappoint you.**" という表現は、上司であれ誰に対してであれ、いい印象を与えない。なぜなら、あなたにはまるで自信がなく、その仕事にふさわしい人間だと自覚していないと言っているように聞こえるからだ。

少々の不安を抱えていても、堂々と話し、自信を持つこと。あなたがその仕事をまかせられたのは、あなたならできると上司が判断したから。その仕事は日常業務と違って難しいかもしれないし、格別の努力が必要かもしれない。それでも、うまく仕事をやり遂げ、上司にあなたを選んだことが正しかったと思わせよう。

I'll do what I can.

（できるかぎりのことは、やるつもりですが）

Don't expect too much, okay?

（あまり期待しないでくださいね）

I'm not sure how well I'll do.

（うまくできるかどうか自信がありません）

You can count on me.

（私にまかせてください）

I can handle this.

（私ならできます）

Don't worry. I'll take care of it.

（ご心配なく、うまくやりますよ）

05 “sure”より“certain”を使ったほうがビジネスライク

△ **Are you sure?**
（ほんまに？）

○ **Are you certain?**
（それはたしかですか？）

日本人の多くは、“**sure**”と“**certain**”では、“**sure**”の使用頻度のほうが高いと思っている。しかし、それは“**sure**”がくだけた会話でよく使われるからにすぎない。

It sure is hot.
（ほんとに暑いねぇ）

This sure is delicious.
（これはほんとにうまい）

He sure does like camping.
（彼ってほんと、キャンプ好きだね）

この“**sure**”を“**certain/certainly**”に置き換え

れば、ビジネスの場にふさわしい、きちんとした言い回しになる。

たとえば、"**Are you sure?**" では「ほんまに？」とか「マジ？」と軽いニュアンスに聞こえかねないが、"**Are you certain?**" とすれば、「それはたしかですか？」となり、相手からきちんとした返答を得ることができる。

適切な言い換え方の例

△ **I sure like this proposal.**

（この提案はほんとにいいなぁ）

↓

○ **I certainly like this proposal.**

（この提案がとても気に入りました）

△ **He sure works hard.**

（彼はほんとによく働くねぇ）

↓

○ **He certainly works hard.**

（彼は実に熱心に働きます）

△ **This sure is an interesting report.**

（こいつはなんと面白いレポートだ）

↓

○ **This certainly is an interesting report.**

(これはまさに興味深いレポートです)

△ **We have lots of meetings next week.**

(来週はえらくたくさんの会議があるよ)

↓

○ **We have a large number of meetings next week.**

(来週はかなり多くの会議があります)

△ **That's not fair.**

(それは平等じゃないよ！)

↓

○ **That's not equitable.**

(それは平等とは言えませんね)

△ **That was a bad decision.**

(その決定はまずかったな)

↓

○ **That was an unwise decision.**

(その決定はよくなかったですね)

06 “impossible” は あなたの評価を下げる！

△ **It’s going to be impossible to increase sales by 10 percent.**
（売り上げを10パーセント増やすのは無理です）

○ **Increasing sales by 10 percent will require extra effort.**
（売り上げを10パーセント増やすには、かなりの努力が必要となります）

あなたが “**impossible**”（無理です）と言ったら、そこで話が終わりになる。これは会社が好む態度ではない。しかも、困難な状況下であなたが感情的になっていることまで表してしまう。それではあなたが重要な問題に対して、しっかりと考えようとしない社員であるかのように思われてもしかたがない。

上司や同僚に示さなければならないのは、問題の解決には特別な努力が必要であるということだ。こうした状況では、前向きな姿勢と目の前の現実とを同時に伝えることがベストだ。

売り上げを増やすことは困難だが、特別な努力をすれば可能かもしれない。相手だって、これは不可能だと思っているが、それを口に出さないだけかもしれないということを忘れないように。あなたがより前向きな言葉を口にすれば、そんな人々も前向きになり、いっしょに努力していってくれることだってありうるのだ。

避けたい表現

There's no way we can increase sales.
（売り上げを増やす方法はありません）

How are we supposed to increase sales?
（どうすれば売り上げを増やせるというんですか？）

It's not even worth trying.
（やってみる価値さえありません）

適切な言い換え

It's going to take a lot of work to increase sales by 10 percent.
（売り上げを10パーセント増やすには、多くの努力が必要となるでしょう）

Everyone here is going to have to work really hard if we're going to increase sales by 10 percent.

（売り上げを10パーセント増やすつもりなら、ここにいる全員が、かなりがんばらなければならないでしょう）

Increasing sales by 10 percent won't be easy, but it can be done.

（売り上げを10パーセント増やすのは簡単ではありませんが、可能性はあります）

07 “I get to….” は前向きな表現

△ **I need to go to the seminar.**
（セミナーに行きます）

○ **I get to go to the seminar.**
（セミナーに行くことになったんだよ）

“I have to….” がネガティブな表現で、**“I need to….”** とすればネガティブ度を下げることができる。そして、さらにもうワンステップ、肯定の度合いを上げる表現が、**“I get to….”** だ。

たとえば、**“I have to go to the seminar.”** なら、セミナーに行きたくないけれど行かなければならないというニュアンスになる。これを **“I need to go to the seminar.”** と言えば、そういう状況であると感情抜きで表していることになる。

そして、**“I get to go to the seminar.”** なら、セミナーに行くことを楽しみにしている感情を表せる。

次の例も見てほしい。

Aさん：**I have to exercise.**
Bさん：**I need to exercise.**

Cさん：**I should exercise.**
Dさん：**I get to exercise.**

もちろん、Dさんがいちばん運動をしたそうで、また運動を楽しんでいそうなことがわかるだろう。

ポイントは、この表現には、そうすることができるのがとてもうれしいというニュアンスがあるということ。だから、“**I get to work overtime.**”（残業をすることになってね）とはあまり言わないはずだ。ほかにもいくつか“**get to**”の使い方を見てみよう。

I get to have lunch with the client today.
（今日は顧客と昼食をとることになってるんだ）

We get to give a presentation on Monday.
（月曜にプレゼンをすることになったよ）

You get to pick up the client at the airport.
（空港へ顧客を迎えに行ってもらうことになったよ）

08 "I can't…." と "I am not able to…." は同じじゃない！

△ **I can't work on Saturday.**
（土曜日には働きたくない）

○ **I'm not able to work on Saturday.**
（土曜日に働くのは無理です）

"**can't**" を "**impossible**" で言い表すことはできる。といっても、"**I can't….**" という表現は、単に「…ができない」という意味とは少し異なる。

むしろ、「やればできるけど、やりたくない」というニュアンスがあるといえる。

たとえば、ネイティブが "**I can't eat this.**" と言うとき、それは「食べることは不可能だ」ということではなく、「食べたくない」ということを意味する。

だから、あなたが "**I can't work on Saturday.**" と言えば、「土曜日には働きたくない」と言っていることになる。もしあなたの上司が高圧的な人なら、さらになんだかんだと理由をつけて、あなたを土曜日に働かせようとすることもありうる。

本当に不可能であることを、より明確にしたいときは、"**I'm not able to work on Saturday.**" と言おう。

これなら、意欲の有無の問題ではなく、事実上不可能であることが伝えられるし、上司もあなたに翻意をうながしたりしないはずだ。

"I can't…." と **"I am not able to…."** の違いは、**"I can…."** と **"I am able to…."** でも同じだ。**"I can do it."** と言えば、あなたにはそれをする能力もあるし、意思もあることになる。

これを **"I am able to do it."** と言えば、能力があることだけを伝えていて、やる気があるかどうかについては必ずしも述べていないことになるのだ。

09 "I can't…." は「できない」ではなく「やる気がない」

△ **I can't do cost accounting.**
（原価計算なんてできません）

○ **I haven't done cost accounting. What's the best way to learn?**
（原価計算は経験がありませんが、できるようになる、いちばんよい方法はなにでしょうか？）

経験のない仕事を頼まれたとき、"**I can't do it.**" と言ってしまうと、「できない」ではなく「やるつもりがない」と言っていることになるのは、すでに述べたとおり。

誰かがあなたにその仕事を頼んだということは、なにか理由があるはずだ。そこで挑戦すべき課題と見なし、どうすればできるようになるかをたずねてみよう。そうすれば、新たな仕事に積極的に取り組もうとしていることをアピールできる。

You know I'm no good at this kind of thing.

（こうしたことは得意じゃないんです）

Why don't you ask somebody else?
（誰かほかの人に頼んでいただけませんか？）

There's no way I can do this.
（私にはできません）

適切な言い換え

I don't have experience in this area, but I'm sure I can find information on the Internet.
（こうしたことには経験がないんですが、インターネットできっと方法を見つけられると思います）

This is a new field for me, but I think I'll get used to it before long.
（私には未経験の分野ですが、すぐに慣れると思います）

Cost accounting isn't my specialty, but there's a first time for everything.
（原価計算は私の専門ではありませんが、何事も一から始まるわけですからね）

10 「たぶんだめでしょう」では評価を落とす

△ **It probably won't work.**
（やっても効果はないでしょう）

○ **Let's see if it works.**
（やってみましょう！）

試しもしないで、"**It probably won't work.**" などと言ったりすれば、当然、ネガティブな態度だと受け取られる。仕事上で起こる問題というものはたいへん重大で、最善の努力が要求される。こんなときにネガティブな態度をとっていては、相手や仲間の信頼を失うことになるだろう。

常にポジティブでいること、そして、仕事をやりとげ、問題を解決するために、普段ならやらないことにも挑戦する心構えを持つことが大切だ。

結果的にうまくいかなくても、上司や同僚はあなたのポジティブな態度を必ず覚えていてくれるものである。

Why bother?

（そんなことする必要ないよ）

It's just a waste of time.

（時間の無駄だ）

If it doesn't work, it's not my fault.

（うまくいかなくても、私のせいじゃない）

　最後の表現は絶対に使わないこと。責任を負わないということは、人間として成熟していないと思われるからだ。

適切な言い換え

It's worth a try.

（やってみましょう）

It's better than not doing anything.

（やらないより、やったほうがいいですよ）

We can't just wait for it to fix itself.

（手をこまねいていてもしかたがないです）

11 ちゃんと聞いていることをアピールせよ

△ **Okay.**
(なるほど)

○ **Mm, interesting.**
(ああ、そうなんだ)

自分の話を、相手はただ聞いているだけで、ちゃんと考えながら聞いてくれていないとわかったら、どんな気持ちがするだろうか？　相手の話に対して“**Okay.**”としか言わないのは、これと同じことだ。場合によっては、実はちゃんと聞いていないのではと、話し手に思わせてしまう。

熱をこめて“**Mm, interesting.**”と言えば、反対にあなたが相手の話にじっと耳を傾けて、それを考え、そして感心さえしていることも伝えられる。あなたが上司なら、同僚や部下のあなたに対するイメージは格段に向上するはずだ。

Right.
(そうです)

Uh-huh.
(うん)

Sure.
(もちろん)

適切な言い換え

Yes, that's a good point.
(なるほど、それはいいところを突いてますね)

That's certainly true.
(たしかに、そのとおりだ)

I know exactly what you're talking about.
(おっしゃることは、実によくわかりますよ)

12 面接で「私には才能がない」？

△ **I don't have many skills.**

（私には才能がありません）

※英語ではへりくだっているようには聞こえない

○ **I'm self-motivated and I learn quickly.**

（私にはやる気がありますし、物事を理解するのが早いです）

面接で最初の文を言ってしまったら、まず採用されるのは無理だろう。自分から才能がないという人間を、誰が雇うというのだ？　面接では採用側に、自分がいかに熱意にあふれていて、仕事に必要なことならなんでも学ぶ意欲があることを示さなければならない。

日本人はへりくだるのが好きだが、英語ではそれは謙遜（けんそん）とはとられないことをしっかりと覚えておくこと。

避けたい表現

I don't do ... very well.

(私は…はあまりうまくできません)

I am not good at ….
(私は…が得意ではありません)

I've never been able to ….
(私は…はできたためしがありません)

適切な言い換え

I like doing research and reading up on things.
(私はいろいろなことを調査研究するのが好きです)

I want to try a lot of new things.
(新しいことにたくさんチャレンジしたいです)

It always makes me feel good to gain new skills.
(新しいスキルを身につけると、いつもうれしくなるんです)

13 それは子どもっぽい言い訳です！

△ **I almost finished on time.**
（もう少しで間に合ったのに）

○ **I didn't finish on time.**
（時間どおりに終わりませんでした）

仕事が締め切りに間に合わなかったとき、“**I almost finished on time.**” と言って、うまい英語を使ったつもりになっている人がいる。たしかに文法的には正しいし、ネイティブがこうした表現を使うのを耳にすることもある。だが有能なビジネスマンは、この表現は避けるべきだ。

なぜならば、子どもっぽい言い訳にしか聞こえないからだ。ネイティブが使う場合も相手にどなられたくないときで、つまり、使うのはたいてい子どもである。

英語では、とにかく、ストレートに事実を言うこと。そうすれば、あなたはしかられるどころか、かえって相手が気づかって、こう言ってくれるだろう。

I know, but you almost finished on time.
（もう少しで間に合ったのにねぇ）

避けたい表現

I tried really hard.
（ほんとにがんばったんですよ）

I could have finished if I had more time.
（もっと時間があれば終わったんですけどね）

I needed more time.
（もっと時間が欲しかった）

適切な言い換え

I'll do better next time.
（次はきちんとやらせていただきます）

I'm sorry, I didn't finish on time.
（時間通りにできず、申し訳ありません）

I'll be more careful with my time in the future.
（時間にはもっと注意を払うようにします）

14 責任の所在をあいまいにするな

△ **It's not my fault.**

（私の責任じゃないよ）

○ **Does it matter who did it?**

（誰の責任であるかが問題なのでしょうか？）

なにか問題が起きたとき、アメリカ人は誰の責任かに非常に敏感になる。おそらく簡単に解雇されるからだろう。だから、誰かに責任があるということになると、アメリカ人はよく“**It's not my fault.**”と答えるのだ。

しかし、これは大人の対応ではない。誰の責任かを追及するのは重要なことではないと言えば、知性があり成熟した人間だと示すことができる。もちろん、他人を非難することも避けるべきだ。次のように言いたい。

Any one of us could have done this. Let's think about how we can prevent this from happening again.

（われわれの誰かがやったのだろうが、それを追及するより、どうすれば同じ失敗をしないですむかを考えよう）

Don't blame me.
（私のせいじゃありません）

I'm not responsible.
（私に責任はありません）

It wasn't my mistake.
（私のミスではありません）

適切な言い換え

Placing blame isn't going to help.
（誰かに責任を負わせてもしかたありません）

Who did it is not as important as what happened.
（誰がやったかより、何が起きたかのほうが重要です）

Let's not sling mud.
（けなし合いはやめましょう）

15 助力の申し出はていねいに断ろう

△ **I don't need your help.**
（あなたの助けはいりません）

○ **I appreciate your advice, but I can do this on my own.**
（ご忠告ありがとうございます。ただ、これは私ひとりでやろうと思っています）

"**I don't need your help.**" には、表面上は失礼な意味はない。しかし、これは「かまわないでくれ」と言いたいときによく使われる表現だ。また、"**your help**" と言っていることから、「助けは欲しいが、あなたの助けはいらない」という響きもあり、たいへん失礼な意味になる。

"**your**" をやめて、"**I don't need any help.**" なら少しはましだが、それでも最善の言い方ではない。

ビジネスの場では、ていねいに断ることは重要だ。相手が何かを申し出てくれたときには、"**No.**" ではなく、常に "**No, thank you.**" と言おう。また日本人は断るという意味で「検討します」（**We'll look into it.**）という表現を使いがちだが、英語では、これは断りの意味にならないので要注意。

避けたい表現

I can do it myself.

（ひとりでできます）

I don't want your help.

（あなたの助けはいりません）

I don't want any help.

（誰の助けもいりません）

適切な言い換え

I'm all right, but thanks for asking.

（声をかけてくださってありがとう。でも、だいじょうぶです）

I think I can handle it on my own.

（ひとりでできると思います）

Thanks, but no thanks.

（ありがとう。でも、けっこうです）

16 社会人の謝り方

△ **I'm sorry.**
（すみません）

○ **I'll take responsibility for this.**
（この責任は私にあります）

“**I'm sorry.**” というフレーズは、子どもじみているように感じられることがある。

相手もあなたを子ども扱いしてしまうかもしれない。また、“**I'm sorry.**” と言って謝れば、すべてそれですむかのように思わせてしまう恐れもある。とくに深刻な事態においては不適切な表現で、「謝ってすむ話ではない」と、かえって相手の怒りをあおってしまいかねない。

また、謝ったときのよくある返答としては、“**It's all right this time, but don't do it again.**”（今回はいいけれど、二度とするなよ）とか、“**Don't worry about it.**”（気にしないでください）などだが、こうしたフレーズも、やはり親が子どもに言っているようで、謝っているあなたのほうも自分が子どもっぽく思えてしまうかもしれない。

“**I'm sorry for....**” という謝り方もある。これは謝罪の内容を具体的に示している点で、ただの “**I'm sorry.**” よりはよい。

たとえば、“**I'm sorry for not listening more carefully to you.**”（あなたの話をしっかり聞いていなくて、申しわけありません）と言えば、相手に対して申しわけないと思った理由を正しく伝えることができる。これなら、心から謝っているように聞こえるし、より大人の対応と言える。

一方、日本人がほとんど使わない言葉に “**apology**”（謝罪）がある。この言葉は一般的に、“**sorry**” よりも誠実な印象を与えることができる。

△避けたい表現

Sorry about that.

（それについては、申しわけなく思っています）

Don't do it again.

（二度とやりません）

Don't worry about it.

（気にしないでください）

適切な謝り方の例

I'm sorry for not calling you.
(電話をせず、申しわけありません)

You have my apologies.
(心から謝罪いたします)

I'd like to offer my apologies.
(心から謝罪の言葉を申し上げたく思います)

CHAPTER 4

カイシャ英語で交渉の達人

社内での会議に顧客との商談など、交渉のスキルはビジネスの決め手となることが多い。CHAPTER 4 では、交渉の達人になれる、実用性の高いカイシャ英語を紹介しよう。

01 相手を立てながら反論する表現

△ **That's the wrong way to do it.**
（そのやり方は間違っています）

○ **That doesn't seem practical to me.**
（私には現実的なやり方とは思えません）

“**That's the wrong way to do it.**” は、“**You're doing it wrong.**”（あなたのやり方は間違っています）という表現よりはよい。“**You**” を強調していないからだが、それでも、ややぞんざいな印象がある。

というのも、この言い方には敵意が感じられるので、あとで口論になりかねないからだ。

相手のやり方についてどこか間違っているところがあると言うと、相手は抽象的な議論を持ち出して防戦しようとする。一方、そのやり方は現実的ではないという言い方をすれば、議論の方向性をあなたがコントロールすることになり、より相手を立てた印象になる。

相手を立てながら間違いを正すのは、たいへん難しいことだ。もっとも大事なのは、相手を追いつめ、敵対的な雰囲気をつくらないようにすることである。

たとえば、相手が数字の合計を間違ったとしよう。このとき、“**You made a mistake with the addition.**”（足し算を間違えていましたよ）と言うのではなく、“**I came up with a different figure. Could you check it again?**”（私の答えは違うのですが、もう一度、たしかめてみませんか？）と言えばよい。

There's a better way to do that.
（もっといい方法があります）

You shouldn't do it like that.
（そんなやり方ではだめです）

That's not a good way to do it.
（そのやり方はよくありません）

適切な言い換え

There might be an easier way to do that.
（もっと簡単な方法があるかもしれません）

Do you think it might be more practical

to...?

(…するほうが、もっと現実的だと思いませんか？)

It sounds good in theory, but....

(理論的にはそれでよさそうなんですが、しかし…)

02 意見が合わないときの表現

△ **Why don’t you agree with me?**
（どうしてわかってくれないのですか？）

○ **Could you share your reasons for disagreeing with me?**
（あなたが同意されない理由を、示していただけませんか？）

最初の文は、子どもっぽい印象を与える。“**me**” と言うことで、自分本位で言っているように聞こえるからだ。また、相手に自分の意見に同意してくれるよう、プレッシャーをかけているようにも聞こえるので、会話をそこで打ち切っているようなものである。

しかし、相手が反対する理由を理解するために会話が続くような言い方をすれば、同時に相手の意見を尊重する姿勢を見せることができる。

“**I’m sure you’ll agree if you understand the facts.**”（事実をわかってくだされば、きっと私に同意してくださると思います）という言い方もできる。これは建設的に相手を説得する方法で、理解してほしいとプレッシャーをかけながらも、攻撃的でも子どもっぽくもない。

03 話が前進するような表現を使え！

△ **I don't agree with you.**
（やっぱり同意はしないね）

○ **Help me understand your position.**
（あなたの考え方を理解できるように、説明してもらえますか？）

同意できないということは、必ずしも悪いことではない。しかし、言い方によってはさまざまな意味を含んでしまう。理由を示さず、単純に“**I don't agree with you.**”と言っても物事は進まない。雰囲気を悪くし、同僚たちとの絆に傷をつけるのがオチだ。

一方、相手の考えの内容とその理由を理解できるように説明してほしいと求めることには、ふたつの利点がある。

まず、こちらが間違っている可能性を自分でも承知している、あるいは、こちらが正しいことをきちんと調べるつもりがあるという姿勢を示すことができる。また、他人の意見や提案に基づいて考え方を変えられる、柔軟性を持った人間であることを示すこともできる。

こんな人となら、誰もがともに働きたいと思うだろう。

You're wrong.

（あなたは間違っています）

You're way off.

（まったく的外れですね）

Don't you see that I'm right?

（私が正しいことがわからないんですか？）

適切な言い換え

Maybe if you explain it in detail, it will help me to understand.

（理解できるように、詳しく説明していただけませんか？）

Can you give me some information to support your idea?

（あなたがそう考えるに至った理由を教えていただけませんか？）

04 相手のうそを遠回しに指摘する表現

△ **I think you're lying.**
（あなたはうそをついていますね）

○ **I have conflicting information.**
（どうもつじつまが合わないんです）

ストレートに "**lying**" と言うのは、非常にきつい言い方だ。たとえ相手が本当のことを言っていないとはっきりわかっていても、直接指摘しないほうが賢明な場合がある。「うそだ」と言っていいのは、人間関係を終わりにするつもりがあるときだけだ。

ビジネスの場では、いちばん大切なのは事実である。だから、"**I have conflicting information.**" と、穏やかな表現を使ったほうがいい。これなら、相手のモラルを問題にしているのではなく、おたがいの持っている情報が食い違っている可能性を話題にしていることになる。

ときには、相手が真実を述べていないという事実こそを、指摘したいこともあるだろう。この場合も "**You're lying.**" と言うのではなく、"**I need to know what really happened.**"（何が起きたかを知りたいのです）と言おう。この表現なら、相手の言うことを信用していないのと同時に、本当に起きたことを詳細に知りたいという気持ちを示すことができる。

避けたい表現

That's a lie.

（それはうそだ）

I don't believe it.

（そんなことは信じません）

That's not true.

（それは真実ではありません）

05 相手に説明のチャンスを与えよ

△ **That will never work.**
（うまくいくとは思えないね）

○ **Please explain how this is going to work.**
（どうなるのか説明していただけませんか）

"That will never work." と言ってしまっては、相手が少し変わった提案をしただけでも、あなたがそれを好まないことを示してしまう。だが、問題が生じたときは解決方法を見つけなければならないし、昔ながらのやり方がいつもうまくいくとも限らない。

相手が何か提案してきたら、なぜそれがうまくいくと思うのかを説明するチャンスを与えること。実際、それはよい解決策かもしれないし、相手の意見や考えにこちらが興味を持っていることを示すことにもなる。

That's a really bad idea.
（そのアイデアはまったくだめだね）

There's no way we're going to try that.
（それを試すことはできないね）

Crazy ideas aren't going to help us.
（そんなとんでもないアイデアは役に立たないよ）

適切な言い換え

How did you come up with that idea?
（どうやってそのアイデアを思いついたのですか？）

Are there potential problems that could result?
（発生するかもしれない、潜在的な問題はありますか？）

I'd like to hear about your idea in detail.
（あなたの考えを、詳しく聞かせてください）

06 “I don’t want to.” は、わがままに聞こえる！

△ **I don’t want to.**
（いやだよ！）

◯ **Thanks, but no thanks.**
（ちょっと興味がありませんね）

文法的に正しくても、おもに子どもしか使わない表現というのがある。そういう表現を大人が使えば、子どもっぽく聞こえてしまうのは当然だ。

“I don’t want….” というのも、そんな表現のひとつ。これは、たとえば母親が「野菜を食べなさい」と言ったとき、わがままな子どもが **“I don’t want to.”** と言い返すときなどに使われる。

ビジネスの現場では、取引などを相手から強く勧められたりすることがよくあるが、断るときにこんな表現を使ってはいけないし、次のような表現も避けるべきだ。

You can’t make me.
（絶対やだ！）

I don’t have to.

（する必要ないね）

I'm not going to.
（いや、やりません）

　では、どうすればいいのか？　答えは簡単。単純に“**No.**”と言うこと。実際、押しの強い相手には、これがいちばんだ。さらに押してきたら“**I don't have time.**”（時間がないです）とか、“**Maybe tomorrow.**”（明日ならできるかもしれません）と言えばいい。とにかくノーと言い続ければ、相手につけいる隙を与えないですむ。

　とはいえ、相手が大切な顧客のときには、はっきり“**No.**”と言いにくい。そんなときは、次のように言ってみよう。

Thanks for the offer, but no thanks.
（お申し出、ありがとうございます。でも、けっこうです）

　これなら、まずしつこく理由を聞いてきたりはしないだろうし、聞いてきた場合は単純に次のように言えばよい。

I'm not interested.
（興味がないんです）

　これで、できる社会人にふさわしい応対になるだろう。

07 断るときははっきりと！

△ **It'll be difficult.**
（難しいけどやってみよう）

○ **I'm afraid the answer is no.**
（申しわけありませんが、答えはノーです）

日本語で「難しいですね」は、もちろん「だめです」という意味である。しかし、"**It'll be difficult.**" というフレーズは、ネイティブには、やってみる気はあるが、そのためには解決しなければならない問題がある、と言っているように聞こえる。

日本人以外と交渉するときは、直接的な表現で（もちろん礼儀をわきまえてだが）話すことが重要だ。「ノー」と言いたいときは、以下のような言葉やフレーズを使えば、ていねいな印象を与えながら拒否の意思を表せる。

I'm afraid....
（申しわけありませんが、…）

Unfortunately,....
（申しわけありませんが、…）

I'd like to say yes, but....
（イエスと言いたいところですが、しかし…）

We've given it careful consideration, but....
（慎重に考慮しましたが、しかし…）

避けたい表現

We'll think it over.
（考えてみましょう）

We'll let you know our answer.
（返事はこちらからいたします）

We can't do it now.
（いまはできません）

適切な言い換え

Unfortunately, it won't be possible.
（申しわけありませんが、無理です）

I'd like to say yes, but it won't be possible.

（イエスと言いたいところですが、無理です）

We've given it careful consideration, but it won't be possible.

（慎重に考慮しましたが、無理です）

I'm afraid the
answer is no.

08 リスクを負う理由をはっきりさせろ

△ **We need to take risks.**
（たまには無理をすべきです）

○ **Don't be afraid to go out on a limb. That's where the rewards are.**
（リスクを負うと、報酬を手に入れられる可能性があります）

最初の文は、なぜリスクを負わなければならないかを示さず、ほのめかしているにすぎない。これでは、リスクを負おうとする意気込みが相手に伝わらない。

一方、２番目の文は、危険を冒してこそ成功することもあると、まわりの人々を勇気づけたいときに使われる、たいへん有名な言い回しだ。

実際、人生の岐路ではこういうことがよくあるし、欧米のビジネス社会においてはきわめて重要な考え方である。慎重になりすぎることで、成功や達成の度合いが限られてしまうことがある。もちろん“**Going out on a limb.**”（危険を冒すこと）は、ときに問題を起こす元にもなるが、だからこそ「リスク」なのであって、チャンスを生かし成功すれば、得られるものはとても大きい。

09 相手の間違いを正す大人の表現

△ **I think you’re wrong.**
（あなたは間違っていると思います）

○ **Let me explain the situation as I understand it.**
（私の理解した内容を説明させてください）

誰しも自分が間違っていると言われたら、いい気分はしないもの。相手の間違いを正したいときには、“**Let me explain the situation as I understand it.**”という表現を使ってみよう。事実ではなく“**understand**”（理解する）という言葉を使うことで、響きがかなりやわらかくなる。

“**Let me....**”（…させてください）という表現も、説明をする許しを得たいと相手に請うように聞こえるので、相手に同意できないというニュアンスを和らげられる。

避けたい表現

That's wrong.

（それは間違っています）

I think you're mistaken.

（あなたは勘違いしていると思います）

That's not right.

（それは正しくありません）

適切な言い換え

From what I know of the matter,....

（私が［間接的に］知っていることから考えると、…）

That may not be completely true.

（それはまったく正しいとは言えないかもしれません）

10 相手のために時間をつくろうとする努力を見せよ

△ **I'll be busy almost all day.**
（ほとんど一日中予定が入っているんです）

○ **I have openings at 1:30 and 4:00.**
（空いているのは1時30分と4時です）

ふたつの文は、基本的には同じことを言っている。だが、最初の表現では、相手のためにスケジュールを空けることをいやがっているように感じられる。2番目の表現ならば、相手に協力しようと努力している姿勢を見せられる。

空き時間を伝えれば、仕事をより早く進めることもできる。たとえ自分の時間をよけいに取られるのがいやだとしても、「ほとんど一日中ふさがっている」などとあいまいな話をするのではなく、できるかぎり柔軟な態度を見せることが大切だ。

I don't have time for this today.
（今日は空き時間がないんです）

We'll have to do this some other day.
（これについては、また今度にしましょう）

There's no way I can meet with you today.
（今日は、あなたとお会いできる時間はないですね）

適切な言い換え

I do have some time free in the afternoon.
（午後なら空き時間が少しあります）

I could meet with you early tomorrow morning. Is that possible?
（明日の早朝ならお会いできますが、いかがでしょうか？）

Here's my schedule for today. When would be good for you?
（今日の私の予定はこうなっています。あなたにとってご都合がよいのはいつですか？）

11 相手を気づかって複数の選択肢を！

△ **What about on Friday morning?**
（金曜日の午前中はどうですか？）

○ **What about on Thursday evening or Friday morning?**
（木曜日の夕方、それとも金曜日の午前中はどうですか？）

これはとても簡単なことだ。相手にひとつの選択肢しか与えなければ、おたがいの都合が合うチャンスは限られる。いや、それだけでなく、あなたが自分の都合を全部オープンにしないことで、相手をコントロールしようとしていると受け取られる可能性もある。

２番目のフレーズのように複数の選択肢を提示することで、相手を気づかっていることを示すことができるうえに、打ち合わせや会議の日時も、ずっと決めやすくなる。

避けたい表現

I can't change my schedule just to meet

with you.
（あなたに合わせるために、スケジュールを変えることはできません）

Well, if you're not free Friday morning, I guess we can't meet.
（金曜の午前中がご都合が悪いなら、お会いできそうもないですねぇ）

Can't you clear your schedule on Friday morning?
（金曜の午前中、空けられませんか？）

適切な言い換え

This is important, so let's find a time that's good for both of us.
（これは重要ですから、おたがいにとって都合のよい時間を見つけましょう）

If that's the only time you're free, I'll make time to meet you.
（あなたがそこしか空いていないのなら、こちらが時間をつくりましょう）

12 「人」を疑わないように！

△ **I don't believe you.**
（あなたを信じることができません）

○ **I'm having difficulty believing this.**
（これは信じがたい）

最初のフレーズは、相手そのものを疑っているように聞こえる。人間関係を壊したくないのなら、こんな言い方はしないように。"**I don't believe you.**" を "**I don't believe it.**" と言い換えることもできるが、これもまたあまりいい印象は与えない。

２番目のフレーズなら、あなたが相手を理解しようとしているように聞こえる。相手そのものを疑っているのではなく、相手の情報が疑わしいというニュアンスだからだ。

"**This sounds incredible.**"（これは信じがたい）というフレーズもある。これなら、あなたが冷静に事実を分析しているような印象を与えられる。これと比べると、先の "**I don't believe it.**" は、より突発的に出た答えで、論理的に考えてはいないような印象を与えてしまうのだ。

That's impossible.

（それは不可能だ）

That's hard to believe.

（それは信じがたい）

I can't believe that.

（それは信じられない）

適切な言い換え

I find that difficult to believe.

（それは信じがたい）

What kind of evidence is there to support that?

（それが事実だという証拠がありますか？）

13 来客を疑うような表現は避けよう

△ **Do you have an appointment?**
（お約束はありますか？）

○ **What time is your appointment?**
（お約束は何時でしょうか？）

会社を訪れたときには、受付係やオフィスでいちばん入り口の近くに座っている人に最初に話しかけるもの。ここでどう応対するかによって、訪問した人がその会社に抱く印象を大きく左右する。

最初のフレーズはネイティブもよく使う一般的なものだが、実は無愛想に聞こえる場合がある。ちょっと怪しげな人物に対して使われるからだ。2番目のフレーズは、面会の約束があるのだろうと仮定した言い方なので、ていねいに聞こえる。

同様に、“**What's your name?**”（お名前は？）というフレーズも、相手を怪しんでいるような響きがある。お客様を相手にする場合に、より礼儀正しい言い方をしたいのなら、“**May I have your name, please?**”のようなフレーズのほうがよい。

What are you doing here?

（ここで何をしているの？）

Why are you here?

（なぜここにいるの？）

What's your business here?

（ここで何をしているの？）

適切な言い換え

Are you Mr. Johnson?

（ジョンソンさんでいらっしゃいますか？）

Are you here for an appointment?

（ご面会でいらっしゃいますか？）

Are you here to see someone in particular?

（どの者とのお約束でしょうか？）

14 “agree to disagree”なら、今後に希望が持てる

△ **We disagree. It’s hopeless.**
（完全に考え方が異なっていますね。どうしようもない）

○ **Let’s agree to disagree.**
（まあ、意見が合わないということにしておきましょう）

ビジネスにおいて“**hopeless**”は使わないでほしい言葉だ。たしかに、同僚、顧客との関係や、プロジェクトに対して、そんな気分になることも、ときにはあるだろう。だが、感情をストレートに言葉にするのは適切ではない。

同僚と意見が異なり、そしておたがいの意見の根拠を説明し合い、それでもなお、おたがいの意見が変わりそうもないときには、“**agree to disagree**”（意見が合わないということははっきりしたね）という表現を使ってみよう。

プロのビジネスパーソンとして、そして、同じゴールを目指して働く同僚として、おたがいの意見を尊重すれば、今後の関係も建設的なものになるのである。

役に立つ同様の表現

It's okay that we don't feel the same way.

（おたがいの意見が違っていても、かまわないですよね）

There's no right or wrong in this case.

（この場合は、どちらが正しくて、どちらが間違っているというようなことはありません）

I respect your opinion, and I hope you'll do the same for me.

（あなたのご意見は尊重していますので、あなたにもそうしていただけるとありがたいです）

15 “make no sense” は相手を傷つける

△ **This makes no sense.**
（わけがわからない）

○ **I’m not clear on something.**
（私には、わからないことがあるのです）

“**This makes no sense.**” は、敵意をむき出しにした表現だ。まるで相手の頭がおかしいとか論理的でないとか、まったくどうしようもない考えだと言っているようなものだ。

「あなたの言っていることは筋が通らない」と言いたいときには、「私にはよくわからない」という意味を持たせるのが、相手を気づかった表現である。

避けたい表現

That’s crazy!
（それはイカれてる！）

What are you talking about?

（なんの話をしているのですか？）

What do you mean?

（なにが言いたいんですか？）

適切な言い換え

Sorry. I'm not following you.

（すみません、おっしゃっていることがよく理解できません）

I'm not sure what you mean.

（おっしゃっている意味が、よくわかりません）

I'm having trouble following you.

（どうも、おっしゃっていることについていけないのですが）

16 「問題」が単純なら "problem"、複雑なら "issue"

△ **Let's talk about this problem.**
（この問題について話し合いましょう）

○ **Let's talk about this issue.**
（この課題について話し合いましょう）

"**problem**" は比較的単純なことに対して使われる単語だ。たとえば、製品の欠陥は明らかな問題。だから、"**Let's talk about this problem.**" と言ってかまわない。

一方、少し込み入った事柄については、"**issue**" を使ったほうがいい。"**issue**" は、意見が異なり、当事者同士が話し合いを必要とするような問題を表すのである。次の語も、言い換えることで、より婉曲（えんきょく）な表現になる。

argument（口論、議論）
→ **discussion**（討論）

fired（クビにする） → **let go**（退職させる）

bad decision（まずい決断、決定）
→ **ill-advised decision**（不適切な決断、決定）

used（中古の）
　→　**secondhand**（リサイクルの）

difficult（困難な）
　→　**challenging**（困難だがやりがいのある）

complaint form（クレーム票、用紙）
　→　**response form**（クレーム票、用紙）

適切な言い換え方の例

（われわれの上司［社長］は、まずい決断を下した）

△ **Our manager made some bad decisions.**

↓

○ **Our manager made some ill-advised decisions.**

（このプロジェクトは私たちにはかなり難しい）

△ **This project has been quite difficult for us.**

↓

○ **This project has been quite challenging for us.**

17 不在者にかかってきた電話では、伝言を残したいかをこちらから相手に聞くこと

△ **Mr. Tanaka isn't available.**
（田中はいないよ）

○ **Mr. Tanaka isn't available. May I take a message?**
（田中はおりませんが、伝言をお預かりしましょうか？）

電話をかけてきた人に、当該者の不在を告げるときには、伝言を残すかどうかを、必ずこちらから聞くようにしよう。2番目の文の表現のほかに、次の表現も使える。

Should I let him know you called?
（電話があったことを伝えましょうか？）

もし、電話を回したい相手がほかの電話に出ているときは、こう言うとよい。

Mr. Tanaka is on another line. Would you like to hold, or should I have him

call you back?
（田中はただいま、ほかの電話に出ております。このままお待ちになりますか、それとも、こちらからかけるように伝えましょうか？）

伝言を預かるときや、電話での応対で役立つフレーズには、以下のようなものがある。

Would you care to leave a message?
（伝言を残されますか？）

Can I give him a message for you?
（伝言を伝えましょうか？）

Could I have your name again, please?
（恐れ入りますが、もう一度お名前をお聞かせください）

Could you call back at 2:00?
（2時におかけ直しいただけますか？）

Shall I have him call you back?
（こちらから電話をするように伝えましょうか？）

避けたい表現

He's not here.
(ここにはいません)

He's not in.
(いません)

Please call back.
(かけ直してください)

適切な言い換え

He's not here right now. Can I give him a message for you?
(ただいま席を外しております。伝言をお預かりしましょうか?)

He's not at his desk now. Would you like to leave a message?
(ただいま席を外しております。伝言を残されますか?)

Could you call back tomorrow?
(明日、おかけ直しいただけますか?)

CHAPTER 5

カイシャ英語でリーダーシップ

チームリーダーの役割は、チームのメンバーの能力を最大限に引き出すことである。CHAPTER 5 では、リーダーシップを取れるカイシャ英語を紹介。これを使いこなせれば、あなたは誰もが認めるリーダーだ。

01 やる気が出るような表現を使え

△ **You'll never finish that project on time.**
（そのプロジェクトを、スケジュールどおりに終わらせられるわけがない）

○ **You're behind schedule. What needs to be done to finish on time?**
（スケジュールより遅れていますね。どうしたら、スケジュールどおりに終わらせることが可能になるのでしょうか？）

“**never finish on time**”（スケジュールどおりに終わらせられるわけがない）というのは、「おまえたちの仕事のやり方はひどい」と言っているのと同じことである。これはあまりにひどい言い方だ。

たとえ担当者がトラブルを抱えていても、いや、トラブルを抱えているときこそ、サポートや励ましをはっきりと申し出てあげれば、あなたがそう簡単には相手を見限るような人間でないとアピールすることができる。

同僚を助け、会社のためにできることはなんでもしよう。あなたのそんな前向きな姿勢を同僚は気に入ってくれるだろうし、彼らも以前よりずっと積極的に考えるようになるだろう。

スケジュールから遅れていることは、もうわかっていることである。そんなことをくり返し言ったところでなんの意味もない。それより、プロジェクトをスケジュールどおりにこなす方法を考えることこそ、あなたが取るべき行動なのだ。なぜなら、あなただって成功しなければならないのだから。

避けたい表現

You might just as well give up.
（あきらめたほうがいいんじゃない？）

How did you get so far behind schedule?
（どうするとこんなに遅れられるんだい？）

Why did they give you that project?
（いったいなんだって、君たちにプロジェクトをまかせたんだろうね？）

適切な言い換え

Well, we have to finish on time, so we'd better talk about how we can do it.
（スケジュールどおりに終わらせなければならないのだから、どうしたらいいかいっしょに考えよう）

Let's sit down and talk about how we can put this project back on schedule.
（どうしたらこのプロジェクトをスケジュールどおりにできるかを、座って話し合いましょう）

It doesn't matter whose fault it is. The main thing is to get this finished on time.
（誰が悪いとかの問題じゃありません。大事なのはスケジュールどおりに終わらせることです）

02 命令文以外で命令しよう

△ **Put away these files, please.**
（このファイルを片づけろ！　わかったか？）

○ **Let's put these files away.**
（このファイルを片づけましょうか）

"**Put away these files.**" という文は、たとえ "**please**" をつけたとしても、命令形であることに変わりはない。欧米では、多くの上司が従業員たちに気持ちよく働いてもらいたいと思っている。そのため、命令も助言やお願いの形をとり、命令口調を避けようとする。

しかし2番目の文に "**Let's**" という語があるからといって、上司はいっしょに片づけるわけではない。命令をするときに役立つ表現は、ほかにもいろいろある。

I'd like you to....
(あなたに…してもらいたいのだが)

When you have time, please....

（時間があったら、どうか…してもらえないだろうか）

This report needs writing.

（このレポートを書いてもらいたいのだが）

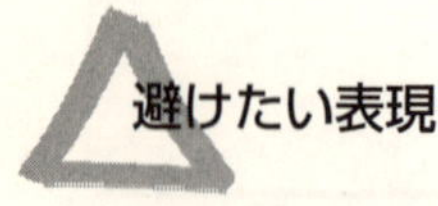

Clean up these files.

（このファイルを片づけろ）

I want these files put away.

（このファイルを片づけてほしい）

適切な言い換え

Could I get you to put away these files, please?

（このファイルを片づけてもらえないだろうか？）

I'd like you to put away these files.

（このファイルを片づけてもらいたいのだが）

These files need putting away.

（このファイルを片づけてもらいたいのだが）

Let's put these files away.
Put away these files, please.

03 仕事を頼むときは“please”より疑問形を！

△ **Please copy these reports.**
（このレポートをコピーしてください）

○ **Could I get you to copy these reports?**
（このレポートをコピーしてもらえますか？）

上司はしばしば命令や指示を出さなければならないが、自分の直属の部下にいつも命令するとは限らない。そこで指示するときに“**Please**”ではなく“**Could**”や“**Would**”で始まる疑問形を使って指示を与えると、「悪いがやってもらえないだろうか」というお願いのニュアンスが出てくる。

この方法なら、相手も自分がそれをすることで喜んでもらえるのだという気分になりやすい。また、あなたのこうした態度が部署のほかの人々にも伝わり、自然と協力し合うという雰囲気が生まれるだろう。

Copy these reports right now.
（いますぐにこのレポートをコピーしたまえ）

Hurry up and copy these reports.
（このレポートを急いでコピーしてくれ）

You'd better copy these reports right away.
（いますぐにこのレポートをコピーしろ）

適切な言い換え

Would you copy these reports for me?
（このレポートをコピーしていただけませんか？）

I'd appreciate it if you'd copy these reports.
（このレポートをコピーしてもらえると、ありがたいのですが）

Can you copy these reports when you have a minute?
（時間があったら、このレポートをコピーしてほしいのですが）

04 言い方を間違えると「脅迫」になる？

△ **Let me tell you something.**
（教えてあげましょう）

○ **Let me give you some advice.**
（アドバイスしましょうか？）

"**Let me tell you something.**" は、声のトーンを間違えると脅迫のように聞こえることがある。あなたの意図は、相手が仕事の内容をより深く理解し、やりやすくなるように提案や情報を与えることのはず。よって、２番目の表現を使うようにしよう。もちろん、アドバイスを与えるのだから、声の調子もやさしくすること。

若い社員は、はっきり顔に出さなくても、あなたの助けにとても感謝するだろうし、長い目で見れば、こんなささいなことでも、同僚や部下との関係に大きな違いとなっていつか表れてくるものだ。

Just be quiet and listen.
（だまって聞きなさい）

I'm only going to tell you once.
（一度しか言わないからね）

Look at me when I'm talking to you.
（私が話しているときは、私を見なさい）

適切な言い換え

Maybe this will help you to understand.
（きっと理解するのに役立つと思うのだが）

Do you want to know what I think?
（私の考えていることを知りたいですか？）

I think I can help clear this up for you.
（君のために、このことを明らかにできると思うんだが）

05 チームの能力を引き出す話し方をしよう

△ **You didn't do very well.**
（あまりうまくできなかったね）

○ **We can do better than this.**
（われわれは、これ以上のいい仕事ができるはずです）

「うまくできなかった」と言ったところで、それはみんながわかっていることなので、雰囲気が悪くなるだけである。成功へのカギはチーム全体の努力にあるのだから、誰かひとりの人間の失敗を批判しても、かえってみんなの自信を失わせ、仕事に対する意欲をそぐだけだ。

全員の支援とさらなる努力をチームに求めることで、チームワークはよくなる。チームのメンバーそれぞれの能力をあなたが信用していることを言葉で示そう。

You did very poorly.
（非常にまずかったね）

Your performance on this job was just awful.

（今度の仕事ぶりはひどかったね）

Is that the best you can do?

（これがベストを尽くした結果かね？）

適切な言い換え

Let's show everyone how good we really are.

（われわれが、本当はどんなにうまくやれるか、みんなに見せようじゃないか）

I know we're capable of more.

（われわれは、もっとできるはずだ）

If we try our hardest, we can do almost anything.

（ベストを尽くせば、われわれにできないことはないはずです）

06 ビジネスの場での“if”と“when”は大違い！

△ **Let's have a celebration if this project succeeds.**
（もしこのプロジェクトが成功したら、お祝いしましょう）

○ **Let's have a celebration when this project succeeds.**
（このプロジェクトが成功したら、お祝いしましょう）

こうしたことを言うあなたは、おそらくプロジェクトのリーダーだ。このとき「成功したら」の表現で“**if**”を使うと、成功するかどうか定かではないという気持ちなのだという印象を、その場にいる全員に与えてしまう。

プロジェクトに関わっているメンバーは、みな成功するかどうか自信がないかもしれない。リーダーとしてはとにかくしっかりとした計画を立て、前向きな姿勢でプロジェクトに取り組むしかない。

こうしたときは「仮に」の意味の“**if**”ではなく、「～のあとに」の意味の“**when**”や“**once**”“**after**”を使うと、前向きな姿勢を示すことができる。

If, by some miracle, this project is successful, let's have a party.

（運よくこのプロジェクトが成功したら、パーティを開きましょう）

I doubt we'll be successful, but if we are, let's have a party.

（成功するかどうかはわかりませんが、成功したらパーティを開きたいですね）

適切な言い換え

Once we finish this project, we're going to party!

（このプロジェクトが成功したら、パーティを開きましょう！）

I can't wait to celebrate after we finish this project.

（このプロジェクトが成功したら、絶対にお祝いをしましょうね）

07 常に前向きな表現を！

△ **I don't know what I'm going to do.**
（どうしたらいいか、まったくわからない）

○ **I have to find a solution to this problem.**
（なんとか解決方法を見つけよう）

たしかに最初の文のような気持ちを抱くことは、誰しもある。しかし、それを言葉にするのは別だ。問題が起こったこと、その問題が深刻であることを知っているのが、あなたひとりだけというわけではないだろう。あなたの気持ちがどうであれ、問題は解決されなければならないのだ。

問題解決の責任があなたにあるとしても、まわりの人たちに、解決策が見つからなくて困っているように思わせてはならない。むしろ、解決の道を積極的に模索している姿勢を見せるべきなのだ。

There's no way I can fix this.
（改善する方法がわからない）

I'm no expert. I can't handle this.
（専門家ではないのでできません）

I have no idea what to do. I give up.
（どうしたらいいかわからない。お手上げです）

適切な言い換え

I've got to figure this out.
（解決策を見つけなくてはなりませんね）

I really need to fix this problem.
（なんとしてもこの問題を解決しようと思います）

I have to get this thing working properly.
（これがうまくいくようにしなければなりませんね）

08 ミーティングの内容の要約は自分からしよう

△ **Let's finish here.**
（これで終わりですね）

○ **Before finishing, let's summarize.**
（いま話し合ったことをまとめましょう）

会議や打ち合わせのポイントは、何をどう話し合うかではなくて、どう終わらせるかだ。

ミーティングを終わらせるときには､必ず要点をまとめ、話し合った内容を参加者が理解したかどうかを確認するべきである。ふたりで話していても、同じことを見聞きしていながら、理解度がばらばらなことがあるからだ。

しかし、"**Let's summarize.**" と言うだけで、誤解を減らし、後々のトラブルの元を絶つことができる。内容が複雑で簡単に要約できそうにない場合には、"**Let me summarize my notes and send them to you.**"（記録をまとめ、あとで報告します）と臆することなく言ってほしい。

こういうとき、通常、要約したあなたにアドバンテージがある。なぜなら、自分の理解を要約に反映できるうえ、ほかの参加者はその内容に異を唱えにくいからだ。

それに、相手のためのみならず、自分のためにも要約は役に立つ。自分の理解度を確認できるチャンスだからだ。

以下も、ミーティングの終わりに使える表現である。

使い方の例

To avoid confusion, let's summarize.

（混乱を避けるために、まとめておきましょう）

Let's go over our homework assignments.

（持ち帰る課題を確認しましょう）

Let me make sure I understand.

（私の理解で正しいのか確認したいのですが）

My notes show we covered three major points.

（私の記録では３つの大きな問題を話し合ったということになっていますが、よろしいでしょうか？）

For the record, can everyone say what you plan to do again?

（記録するので、今後の予定をもう一度言っていただけますか？）

09 “expect”（期待）しているつもりが脅迫に？

△ **I expect you to be at all the meetings.**
（あなたには、すべての会議に出てもらおう）

○ **Try to be at all the meetings.**
（会議にはすべて出るようにしてください）

“**expect**”（期待する）という動詞には、前向きなニュアンスがあると思うかもしれないが、“**I expect you to....**”というフレーズになると「…を強く要求する」あるいは「そうしないと、とんでもないことになる」という、脅迫のニュアンスが感じられる表現となる。

実際、召し使いやメイドに命令するときに、この表現はよく使われる。

“**You are expected....**”（あなたは…しなければならない）にも、たいへん冷たい響きがある。もちろん、“**expect**”の直後に人ではなく物事を入れて、“**I expect great things from you.**”（あなたから、すばらしいことがもたらされるのを期待しています）と言うのは、まったく問題がない。

では、相手に2時に来てもらいたいと、ごく普通のニュアンスで言うにはどうしたらよいだろうか。
"I'll be expecting you at 2:00." という表現がよい。この文では、2時に来てくれたらこちらもうれしいというニュアンスがある。しかし、**"I expect you to come at 2:00."** いう表現は、2時に来てくれないと怒りますよというニュアンスが感じられるので使わないほうがよい。

適切な言い換え方の例

(ベストを尽くしてください)

△ I expect you to do your best.

↓

○ I know you'll do your best.

(10時に来ていただきたいのですが)

△ I expect you to come at 10:00.

↓

○ I'll be expecting you at 10:00.

(このレポートを、明日出してください)

△ I expect this report tomorrow.

↓

○ I'd like you to finish this report by tomorrow.

10 職場の状況がわかっていることをアピールせよ

△ **Why don't you do it yourself?**
（自分でやれば？）

○ **Do you need a hand?**
（手伝いましょうか？）

最初の表現はあなたが自分勝手で、会社や同僚に対して注意を払っていないような印象を与える。自分の仕事は自分でするべきだと思うかもしれないが、相手があなたに助けを求めるのは、それなりの理由があるからなのだ。あなたのほうがうまくやれる、あるいはあなたの助けがないと間に合わない、などと思ったのかもしれない。

こちらから助力を申し出れば、あなたが職場の状況を理解しており、同僚や部下を手助けするべく、進んで自分の能力を使うつもりがあることをアピールできる。

避けたい表現

You don't need my help with that.
(私の手助けはいらないですよね)

That's not a two-person job.
(それはふたりでやるほどの仕事ではありませんね)

Don't I have enough to do already?
(もう、私は必要ないですよね？)

適切な言い換え

It looks like you could use a hand.
(手助けが必要なようですね)

Anything I can do?
(私にできることはありますか？)

Want some help?
(手伝おうか？)

11 具体的で前向きな表現をしよう

△ **You always criticize people.**
（いつも人を批判しているんですね）

○ **It's easier to find faults than solutions.**
（解決策より欠点のほうが目につきやすいものです）

最初の文は“**You**”を主語にすることによって、言いたいことがあいまいになっている。

たとえば、“**That decision was too hasty.**”（その決断は軽率だった）と、“**You are too hasty.**”（あなたはあまりに軽率だ）というふたつの言い方があるときには、“**That decision was too hasty.**”のほうが望ましい。なぜなら、あなたが言いたいのは、その人の決断がいつも軽率ということではなくて、特定の決断を早く下しすぎたということのはずだからだ。

２番目の文は、言い方がポジティブである。解決策より欠点のほうが目につきやすいものだと言うことで、あなたが、少しでも前向きな姿勢であることを示すことができる。

You're lazy.

(あなたは怠け者です)

Why do you always make mistakes?

(なぜ、いつもミスをするのですか?)

You make too many mistakes.

(あなたはミスが多すぎます)

適切な言い換え

You could be really successful if you worked a little harder.

(あともうちょっとがんばれば、成功するのに)

This needs some work on the details.

(細かい点で少し作業が必要です)

You need to focus more on details.

(細かい点にもう少し取り組む必要があります)

12 上手な仲裁の仕方

△ **Let's not argue.**
（けんかはやめよう）

○ **Let's summarize everyone's position.**
（ここで話をまとめてみよう）

話がもめたとき、仲裁役を買ってでるのはよいことである。しかし、"**Let's not argue.**" では、逆に相手を非難しているように受け取られることもある。

それぞれの意見の違いをはっきりさせるのは賢いやり方とは言えない。こういうとき、"**Let's summarize everyone's position.**" と言うと、その場の雰囲気を落ち着かせ、みんなの主張にもう一度耳を傾けさせるチャンスをつくることができる。

もめごとの原因は、ささいなことである場合が多い。だが、みんなの主張をまとめてみようとあなたが言えば、考えの一致している部分を見いだせる可能性も出てくる。

Stop arguing!
(けんかはやめろ！)

Shut up!
(だまれ！)

This isn't getting us anywhere.
(こんなことして、なんになるんですか)

適切な言い換え

We need to find a compromise.
(妥協点を見つけましょう)

I think that we only disagree about very small things.
(私たちは、ささいなことで対立しているように思います)

This has been a very good discussion.
(いい討論をしてきましたね)

ディビッド・セイン

米国ユタ州に生まれる。社会学修士。金融マンとしてビジネスの第一線で活躍したあと来日。日米会話学院、バベル翻訳外語学院などでの豊富な教授経験を活かし、多くのベストセラーを手がける。「NHK英語でしゃべらナイト」の連載のかたわら、独自の英語カリキュラムを開発し、「エートゥーゼット英語学校」を起業。完璧な日本語を駆使して教えるレッスンが好評を博し、日本中から生徒を集めている。
著書には『その英語、ネイティブにはこう聞こえます』(主婦の友社)、『ネイティブはたった100語で話している!』(ダイヤモンド社)、『50マス英語ドリル』(アスコム)などがある。

講談社+α新書 336-1 C

カイシャ英語
取引先を「Mr.」と呼んだら商談が破談?

ディビッド・セイン

2007年2月20日第1刷発行

発行者―――野間佐和子
発行所―――株式会社 講談社
東京都文京区音羽2-12-21 〒112-8001
電話 出版部(03)5395-3529
販売部(03)5395-5817
業務部(03)5395-3615
装画―――吉田雅博
デザイン―――鈴木成一デザイン室
本文組版―――朝日メディアインターナショナル株式会社
カバー印刷―――共同印刷株式会社
印刷―――慶昌堂印刷株式会社
製本―――株式会社若林製本工場

落丁本・乱丁本は購入書店名を明記のうえ、小社業務部あてにお送りください。
送料は小社負担にてお取り替えします。
なお、この本の内容についてのお問い合わせは生活文化第二出版部あてにお願いいたします。
Printed in Japan ISBN978-4-06-272423-4 定価はカバーに表示してあります。